犁园沃土

——做改革创新型校长

吴雨金 著

中国国际广播出版社

图书在版编目（CIP）数据

犁园沃土／吴雨金著. — 北京：中国国际广播出版社，2023.3
ISBN 978-7-5078-5322-3

Ⅰ. ①犁… Ⅱ. ①吴… Ⅲ. ①教育-文集 Ⅳ. ①G4-53

中国国家版本馆 CIP 数据核字（2023）第 049866 号

著　　者	吴雨金
责任编辑	万晓文
责任校对	申　爽
设　　计	书香力扬
出版发行	中国国际广播出版社有限公司［010-89508207（传真）］
社　　址	北京市丰台区榴乡路 88 号石榴中心 2 号楼 1701
	邮编：100079
印　　刷	成都兴怡包装装潢有限公司
开　　本	145mm×210mm　1/32
字　　数	220 千字
印　　张	9
版　　次	2023 年 3 月　北京第一版
印　　次	2023 年 3 月　第一次印刷
定　　价	78.00 元

版权所有　盗版必究

序（一）

热血沃桃李　丹心育栋梁

崇阳吴雨金校长邀请我为他的新作《犁园沃土》写序，却之不恭，甚是感谢，这是一次向一线校长学习的好机会。

仔细通读吴雨金校长的《犁园沃土——做改革创新型校长》一书样稿后，我倍感振奋，为我市有这样敬业、担当、乐学、创新的校长而欣喜。他满腔热血沃桃李，一片丹心育栋梁，值得所有教育同人学习。

教育是一棵树摇动另一棵树，一朵云推动另一朵云，一个灵魂唤醒另一个灵魂。教育是老师和父母用先进的育人理念、科学的育人方法，以自己的言传身教、以身作则来营造良好的育人环境，用自己的身体力行来唤醒每一颗幼小的种子，让它生根发芽、枝繁叶茂。吴雨金校长的这本书名为《犁园沃土》，有其深刻的教育内涵：教育就如农业，精耕细作，才有累累硕果。

唯改革者进，唯创新者强，唯改革创新者胜。吴雨金校长一直在推进教育的改革创新。教育的改革创新有利于学生的身心健康发展，有利于人才的科学选拔，有利于改善教育不均衡的现象。学校改革创新的关键是校长，我相信如果有大量像吴雨金这样的校长，中国的教育事业必将蒸蒸日上。

校长是一所学校办学的灵魂，有一个好校长就有一所好学校，这话耳熟能详但的确不假。吴雨金校长坚持读教育名著，把先进的教育理念在实践中落地生根；坚持用自己的教育思想思考，五育并举培养全面发展的新人；坚持写教育教学日记，不断反思，不断总结升华；坚持抓住教育教学的主阵地，推进课堂教学改革。吴雨金是一位深受学生喜爱、老师欢迎的好校长。他从山区到县城，从普教到职教，每到一校兴一校，治一校优一校，成就了学校，成就了学生，也成就了他自己。

　　作家周国平曾说："人最宝贵的东西是生命和心灵，把命照看好，把心安顿好，人生即是圆满。"吴雨金校长通过锻炼来照看好身体，通过写作来安顿好心灵。写作是一种心灵的抵达，写日记可以省思自己的失误，提炼自己的理念，升华自己的智慧。撰写优质教学案例则是专业发展的必由之路。演讲则是校长宣传理念、引发共情共鸣的极佳方式。吴雨金一路上边学习，边写作，留下了不少智慧结晶。

　　人生路上，两样东西无比可贵，一个是自律，一个是坚持，自律给你力量，坚持给你收获。本书是吴雨金自律和坚持的结晶，都是来自一线的智慧积累，分上下两卷，上卷是部分日记，下卷是部分案例、演讲，对一线的校长和老师有很好的学习参考价值，值得一读。

汪永富
2023 年 2 月 6 日于温泉

（汪永富，咸宁市教育科学研究院院长）

序（二）

学为人师　行为世范

几天前，吴雨金校长发来他所著的《犁园沃土——做改革创新型校长》一书样稿，我通读之后，深受触动，被他深厚的学识和高尚的人格折服，很乐意写下这篇序言。

习近平总书记在中国人民大学考察时曾指出，我们的教师既精通专业知识、做好"经师"，又涵养德行、成为"人师"，努力做精于"传道授业解惑"的"经师"和"人师"的统一者。我觉得吴雨金校长，就是这样一位优秀的"经师"和"人师"的统一者。

他从教25年，历任四所学校校长21年，一直致力于教育的改革与创新，治一校优一校，特别是在德育课程、高效课堂和自主教育的探究上，有见地、有实效，他关爱学生成长，始终坚守立德树人的根本任务，践行成才必先成人的原则，不唯分数而分数，注重学生的综合素养的提升，是一位思想先进、人格健全、民主科学的专家型老师和校长。

习近平总书记指出："好老师要做到学为人师、行为世范。"做教师是如此，做校长更是如此，读完此书，我发现吴校长无论是在教学上，还是在做人上，都是以身作则、行为示范。

吴校长没有不良的爱好，一心扑在工作上。他出身贫寒，工作兢兢业业，事业有成，26岁就开始做大源中学校长，是当时咸宁市最年轻的中学校长，是广大学生和老师的好榜样。他爱好读书，除了工作就是学习，坚持读励志书籍，树立为教育事业奋斗终生的信念；坚持读教育名著，用先进的教育思想武装自己的头脑，并让这些先进的教育理念落地生根。他在身体力行地教学的同时，还千方百计地去关注学生的安危冷暖，实施以心换心，以爱搏得爱，达到心灵共振。他勤劳俭朴、廉洁自律，曾说："心无贪欲一身轻，半夜敲门心不慌！"

吴雨金校长以校为家，双休日常常不休息，忙于学校的工作，顾不上家庭。虽然身为校长，但始终没有离开过讲台，懂得并遵循教育教学的规律，能读懂孩子的心理特点，熟悉一线的教育教学问题，工作提升能做到有的放矢。无论是从事普通教育还是职业教育，始终把教学放在中心位置，他敢于创新，坚持课堂教学改革，且成效显著。由他创建的港口中学的"135高效课堂"、大集中学一分校的"学导无界大课堂"、崇阳职校的"五步三化"课堂教学模式，在区域教育教学改革中都起到了不少引领作用。

吴校长曾说："生命中很多人值得我们去感恩，感恩父母，是双亲给了我们生命；感恩党和国家，是国家兴隆才有了家的幸福；感恩一路上指引我们成长的高人、帮助过我们的贵人，是他们才让我们的人生行稳致远！"

20年前，吴雨金校长是我初中时候的授业恩师，不仅在教学上给我悉心辅导，还在做人和心灵上给我鼓励和关心。有个细节我一直印象深刻，当时我家境贫寒，初中三年，我学费和食物都常常无法保证，饱受人间冷暖，在一次作文里，我用不大成熟甚至有点偏激的语言描写了我的一些绝不屈服和奋发向上的心理状态，吴雨金老师在旁边写了一句评语：自古名士出寒家。人在极端困惑的环境下，任何一个不经意的细节都足以改变他的一生，吴雨金老师正是如此，给当时我弱小的心灵，带去了强大的温暖和光明，20年来，我一直铭记在心，特别感恩！

俗话说："读万卷书不如行万里路，行万里路不如名师指路。"从教20多年来，吴雨金校长怀着崇高的教育理想和深厚的教育情结，不断去探索教育发展的规律，写了近百万字的教育日记。本书去粗取精，八易其稿，终成影印，分上下两卷，上卷收录了他2019年至2022年校长日记的精华内容，下卷收录了他的部分演讲、案例。他的教育智慧和做人道理都浓缩在这本书里，对广大一线校长和老师，都有重要的学习和参考价值，很值得一读！

叶 顶

2023年1月1日夜写于武昌

（叶顶，媒体主编、畅销书作家，现供职于湖北省文联系统的今古传奇传媒集团，出版著作有《新中国的集结号：南下、南下》《长风破浪会有时》《孩子，愿你遇见所有美好》《一封家书》《修身治国平天下》等）

目录
CONTENTS

校长日记

我的校长观 / 002

我的教师观 / 002

我的学生观 / 003

我的课堂观 / 003

年轻后备教育干部选拔预考 45 题 / 003

教育需要书香校长、书香教师 / 007

校长新春寄语 / 007

自勉良言 / 009

微党课：职校要树立四个意识 / 009

尊重对手 / 011

我的羡慕 / 012

微党课：五个"尊重" / 012

以迎检促发展 / 013

低调做人 / 014

抒　怀 / 015

感　恩 / 015

对行管人员的工作要求 / 015

把潜能发挥到极致是人生的最佳状态 / 016

令人振奋的全县教育工作大会 / 016

参观岳阳市华容县职业中专有感 / 017

在华容职校交流会上的发言 / 018

一棵公园里的树 / 019

崇阳职校十大亮点 / 020

在2019年崇阳职业教育活动周启动仪式上的致辞 / 022

我的新"三观" / 023

职业教育活动周活动效果好 / 024

毕业寄语 / 024

好家风出好儿女 / 026

给儿子的一封信 / 026

礼赞招生 / 028

崇阳县第四届（2019）名校长评选先进事迹材料 / 029

对艺术培训的一点思考 / 031

在长三角招商学习有感 / 032

这个城市我来过 / 034

崇阳职校安全工作"12320" / 034

迎5G时代 创智能职校 / 035

学习初感 / 036

开班第一讲 / 036

职业教育得不到社会广泛认可的原因 / 037

昌平职校取得成功的原因 / 038

教师的"六态" / 039

沟通的艺术力量 / 041

崇阳职校"不忘初心、牢记使命"主题教育
"三三三五五五"汇报提纲 / 042

控辍保学"八法" / 043

崇阳职校控辍保学三点措施 / 045

职业教育高质量发展的几点思考 / 046

崇阳职校十大奖项 / 047

崇阳职校德育大课堂框架 / 048

教师的幸福在哪里 / 048

我们的课该怎么备 / 050

八环节学习法——学习的制胜法宝 / 051

小学习惯　初中方法　高中心态 / 053

我们的课该怎么上 / 054

课改，改的是一种精神 / 056

课改，我们需要什么 / 057

个人反思 / 059

由老师布置作业想到的…… / 060

教育要真改革 / 062

读书是最好的教育 / 062

培训是最好的管理 / 063

居家感想 / 064

疫情后的几大变化 / 065

教师居家"三多三少" / 065

从小要树立孩子正确的婚姻观 / 066

学生评教问题设计 / 067

选男朋友的标准 / 068

想赚钱，先要让自己值钱 / 068

创无疫校园　保一方平安 / 069

招生简章校长寄语 / 071

落实"三本"机制，服务区域发展 / 072

奋进中的 2020 年 / 073

崇阳职校办学思想提炼 / 081

成长反思 / 083

崛起中的崇阳职业技术学校 / 084

一点感想 / 087

教育改革变什么 / 087

珍惜时间 / 088

人与人的差距在哪里 / 089

什么样的老师是好老师 / 089

自我画像 / 090

中层干部危机 / 091

职业教育活动周八大展区 / 092

教育的痛批 / 092

教是为了不教 / 093

认知的提升 / 093

培植中职学生爱国情怀 / 094

以准军事化管理规范学习行为 / 095

让企业文化浸润学生心田 / 096

新入职教师必须要做的五个培训 / 098

闲谈"三论" / 098

特色操展示 / 099

教育现代化提升工程项目简介 / 099

给新任教育局局长的一封信 / 100

送驻村工作队队长上任 / 103

个人师德表现总结 / 105

寄语新团员 / 105

职业教育服务地方发展做法汇报 / 107

今天是个好日子 / 107

让抖音抖出崇阳职校亮丽名片 / 108

职校孩子的心理问题和对策 / 109

静能生慧 / 110

学期末学生素质报告单——校长寄语 / 111

爱的奇迹 / 112

校企合作有突破 / 113

与本地企业合作新模式 / 114

汉字的魅力 / 115

为宜昌文明卫生城点赞 / 116

感　悟 / 117

工作实绩自评 / 118

做最好的校长　办最好的职教 / 118

崇阳职校 2022 年工作要点（21 条）/ 121

在崇阳职校 2021 年度办学成果展示活动上的致辞 / 123

年度办学成果展 / 124

校长应练就"五力" / 126

安全工作警钟长鸣 / 126

创无疫校园　保师生平安　/　127

有什么样的成长土壤就有什么样的孩子　/　128

两棵樟树　/　129

崇阳职校学生毕业标准　/　130

工匠大楼功能多　/　131

"双优"中职学校建设基础（10条）　/　131

"双优"学校创建目标　/　135

"双优"创建——落实立德树人根本任务　/　136

学生为啥都升学　/　138

立足区域　服务发展　/　138

送给中层干部三句话　/　140

崇阳职校创"双优"优势、特色、机遇与挑战　/　141

崇阳职校创"双优"发展目标、思路　/　142

"政校行企"三种生源模式　/　143

让学习发生在学习者身上　/　144

崇阳职校2022年招生简章（学校简介）　/　145

大健康产业职校做法　/　147

崇阳职校服务县域企业用工需求实施方案　/　148

五一采金银花　/　151

职业教育活动周工作构想　/　152

要有精神上的割舍　/　153

小学三年级该布置什么样的家庭作业　/　153

在2022年职业教育活动周启动仪式上的致辞　/　154

以企业用工招聘推进校企合作　/　156

感恩父母感恩党　/　156

职业教育不进则退　/　157

落实"三本"机制，服务企业用工　/　158

学习新《职业教育法》十大亮点　/　160

崇阳职校九大优势　/　162

崇阳职校升格职业学院十大好处　/　165

专题片反思　/　166

与人福合作　/　167

亲子朗诵　/　167

构建"三全育人"新格局　培养技术技能新人才　/　168

崇德尚技　助力学生出彩人生　/　170

职业教育得到全社会的认可非一日之功　/　174

办有品位的职业教育　/　175

崇阳职校宣传标语　/　178

迎检解说词　/　178

有钱　有权　有德　/　179

办好提琴戏特色学校　/　179

深度服务和保障企业用工　/　180

不拒绝学习　/　181

在全省中职校长培训学习结业典礼上的发言　/　182

十个重点课题　/　183

2022年暑假教师集训校长主题报告提纲　/　184

做"五型"教师　/　186

在2022年秋开学典礼上的讲话（提纲）　/　187

"五步三化"教学模式的探索与实践　/　188

演讲、案例

争做教育家型校长 / 202

教育的希望在课堂 / 207

竞选"崇阳首届名校长"演讲稿 / 211

问渠哪得清如许,为有源头活水来 / 213

课改,到底在改什么 / 217

办有品位的学校,做有灵魂的教育 / 220

用教育家的思想办教育 / 223

为孩子的未来而教 / 226

聚力赋能提质　助力乡村振兴 / 228

党建引领发展　铸就职教品牌 / 234

名校长评选票决演讲词 / 237

教育转型变革时期的学生生命关注 / 240

我的校长信箱,学生心灵的信箱 / 245

学生厌学的思考与对策 / 248

让制度为课改护航 / 252

创新载体　让德育工作日常化 / 255

"构建和谐校园文化　推进教育均衡发展"省级重点课题研究——浅论新的课堂文化 / 259

"构建和谐校园文化　推进教育均衡发展"省级重点课题研究——浅论分层教学法 / 265

CHAPTER 1 校长日记

犁园沃土
—— 做改革创新型校长

2019 年 1 月 1 日　　　星期二　　　晴

我的校长观

校长的最高境界是"老师的老师"，能造就一个开拓进取、团结务实、充满生机的教师团队，能以高尚的人格影响教师的人格。

校长不仅是一个船长，还应是一个水手。

校长不仅是一只领头羊，还应是一个牧羊人。

校长应有思想，有眼光，有崇高的教育理想，有深厚的教育情结。

校长是学校文化的缔造者，教育理念的践行者，新生事物的发现者。

2019 年 1 月 2 日　　　星期三　　　晴

我的教师观

教师的生命光辉点在课堂。

教师首先应是一个课堂组织能力很强的人，能灵活地驾驭课堂，能当好一个高明的导演，是一个会学习、会思考的人。

教师的"传道"应是通过老师的言传身教，教给学生学习之道、生活之道、做人之道。

教师的"授业"应是"授人以渔"，让他们掌握学习的方法和规律，从而学会自主学习，为终身学习奠基。

教师的"解惑"应是随时深入到学生中去，帮助他们解决成长中的困惑。

2019年1月3日　　星期四　　晴

我的学生观

我们培养的学生应是体格健全、身体健壮、心态阳光、性格开朗、习惯优良、勤奋好学、理想远大、品德高尚、有责任心、有爱心的人，应该是终身学习者、合作创新者、问题解决者、责任担当者、优雅生活者，而不是高分低能、性格忧郁的书呆子。学生能胸怀天下，以强烈的社会责任心驾驭自己的知识和智慧。

2019年1月4日　　星期五　　晴

我的课堂观

教育的希望在课堂。

课堂不是教师的一言堂，而是学生的学堂。

课堂是学生智慧火花迸溅、灵感生发的天堂。

课堂是师生燃烧激情的舞场、浇注热血的圣坛、青春飞扬的热土。

有什么样的课堂便有什么样的教育，有什么样的教育便有什么样的孩子和国家未来！

2019年1月6日　　星期日　　阴

年轻后备教育干部选拔预考45题

教育局新局长上任，看出我县教育干部老化的问题，于是出台文件，要在全县教育系统选拔 20 名年轻后备干部。人才选拔通过笔试和面试的方式进行，我突然也想出几道题来考考我校的年轻干部，如果他们对以下 45 道题答得好，我想他将来一定会成长为一名好干部！

1. 著名教育家苏霍姆林斯基说："教育的领导首先是教育思想上的领导，然后才是行政上的领导。"你怎样做一个思想上的领导？

2. 你是党员吗？如果是，你打算怎样做一名优秀的共产党员？如果不是，你打算如何成长为一名优秀的人民教师？

3. 假如把你提拔在管理岗位上，你怎样做一名敢担当、有作为的干部？

4. 如果你成家了，你的配偶支持你的教育工作吗？

5. 你 8 小时之外在干什么？请你自我评价 8 小时之外的生活？

6. 你的业余兴趣爱好是什么？在业余爱好中有什么收获？

7. 没有书香教师就没有书香学生。你经常看些什么书？对你启发最大的是哪一本书？

8. 你如何处理好工作与家庭的关系？

9. 你认为我县教育发展的优势有哪些？

10. 你觉得你和学生应该建立怎样的关系？

11. 教师是教育发展的内核，你对我县名师、名班主任打造有哪些好的意见和建议？

12. 有什么样的课堂就有什么样的教育，课堂是教书育人的主阵地，课堂需要改革而不是改良，你对课堂教学改革有何想法？

13. 你了解的教育大师有哪些？对你影响最大的是哪一位？你是怎样践行他的教育思想的？

14. 团队的力量最强大，你对团队建设有何构想？

15. 你如何克服教师职业倦怠现象？

16. 有什么样的教师就有什么样的学生。有些老师不遵循教育规律，体罚或变相体罚、侮辱或变相侮辱打击学生的现象时有发生，怎样改变这种现象？

17. 教育也是拼爹娘时代，因为家长的素养、观念直接影响孩子素质，教师承担着教育两代人的责任。你是如何影响家长的？

18. 我县留守孩子多且难教，你是如何教育这些特殊孩子的？

19. 习近平总书记强调要把"立德树人"作为教育的根本任务，你是如何践行"立德树人"的？

20. 习近平总书记强调教师要做"四有"好教师（有理想信念、有道德情操、有扎实学识、有仁爱之心），你是如何去践行的？

21. 你有写教育反思的习惯吗？如果有，你有什么收获？如果没有，你打算怎么做？

22. 我们成天和学生在打交道，只要你有心，我们身边会有很多动人的故事，"一千个学生眼中有一千个哈姆雷特"。请你讲述一个真实的教育小案例。

23. 负能量是很有传染性的，若不控制，会带来爆发性的"瘟疫"。面对单位的一些负能量，你是如何消化的？

24. 我们常常遇到一些不服管教的学生，面对这样的学生，你是怎么做的？

25. 一个群体的进步需要正能量，你是怎样传播正能量的？

26. 苏霍姆林斯基说："教师的作用不是在传授知识，而是在激励、引领和唤醒。"你是怎么践行这句话的？

27. 如果说医生不合格，那损害的是人的身体，如果老师不合格，损害的则是人的灵魂！教师为人师表、教书育人，你是怎么塑造孩子灵魂的？

28. 教育是一项事业，事业的意义在于奉献；教育是一门科学，科学的价值在于求真；教育是一门艺术，艺术的生命在于创新。你是怎么理解这段话的？

29. 你对你现在的工作状态满意吗？对今后的工作有何打算？

30. 在你的教育过程中，你一直在遵循什么样的教育理念？在你的生活中，你一直在遵循什么样的生活原则？

31. 新《教师职业道德规范》共六条："爱国守法""爱岗敬业""关爱学生""教书育人""为人师表""终身学习"。"爱"与"责任"是贯彻其中的核心和灵魂。对于"爱"和"责任"，你是怎么做的？

32. "给我一个支点，我将撬起整个地球。"假如给你一个平台，你将怎样发挥自己的聪明才智？

33. 对教育的领导有时并不是靠权力，而是靠自己的人格魅力来影响老师、学生和家长。你打算怎样修炼自己的人格魅力？

34. 我县是全国均衡教育示范县，你是如何理解"教育均衡"的？

35. 在大力推行素质教育的今天，应试教育一刻也没有放松，你对素质教育和应试教育是怎么认知的？

36. 我们重视分数，但分数背后的行为习惯、道德品质等比分数更重要，你在教育教学过程中，如何培养学生这些比分数更重要的东西？

37. 没有爱就没有教育。爱自己的孩子是人，爱别人的孩子是神！你是怎么当"神"的？请举一实例！

38. 我县很多学校正在打造文化校园、书香校园、规范校园、活力校园等，请你就其中的一园谈谈你的观点和做法！

39. 我们提倡教育家办学，你打算如何成长为准教育家？

40. 假如把你推在校长岗位上，你怎么经营这所学校？

41. 校长的办学思想是一所学校的灵魂，有一个好校长就有一所好学校！你怎么做一个有灵魂的校长？

42. 校长是老师的老师，怎样当好老师的老师？

43. 你认为教育的核心问题是什么？

44. 真正的教育是自主教育，谈谈你对自主教育的认识。

45. 如今教育教学的现状几乎都是通过管理来促进学生学习，而真教育应该是通过学习来促进学生自主管理，你是怎么做的？

2019 年 1 月 7 日　　星期一　　阴

教育需要书香校长、书香教师

目前，教育管理者提得最多的是书香校园，很少提到书香校长、书香教师。我想，没有书香校长，哪有书香教师？没有书香教师，哪有书香学生？学生需要读书，教师更需要读书充电。教师为人师表，自己不读书，整天要学生读书，能营造好的阅读氛围吗？

要想学生有一滴水，教师就要有一桶水，如果这一桶水不常换常新，时间长了就是死水、臭水了。在知识更新日新月异的时代，教师更要有一潭水，一潭源头活水。"问渠哪得清如许，为有源头活水来。"只有常读书，常学习，思想才会常新。

教育需要书香校长、书香教师！

2019 年 1 月 8 日　　星期二　　阴

校长新春寄语

红梅辞旧岁，紫燕报新春。在各级领导和各界人士关心和支持下，我们学校走过了奋进难忘的 2018 年，迎来了信心满怀的 2019 年。

回顾学校奋斗历程，一路风雨一路歌。2007年6月，崇阳县政府在全省率先对县域职教资源进行了整合，整合后的职校，办学条件从无到有，办学规模从小到大，办学实力从弱到强。学校先后被评为全省重点中职学校、全国教育系统先进集体、全国职业教育先进单位、国家中等职业教育改革发展示范学校、全国国防教育特色学校。2018年2月，学校食堂被省教育厅、省食药监局授予"放心食堂"；同年8月，学校荣获全县校园安全管理优秀单位。

站在新起点，开启新征程。全校师生凝神聚力，奋力谱写学校第二次大发展的新篇章。2018年中，学校坚持"红色引领，匠心筑梦"，实现军事化管理，大力推进学生行为规范教育和职业素养教育，构筑起校园安全屏障；创新德育模式，以经典诵读、入学教育、文明风采等活动为载体，增强了学生的自信心，提升了学生素养；强化教学管理，提升教学质量，高考成绩居全省前列。学校成功承办了全省中职学校语文教学能力大赛和咸宁市中职学校教师信息化教学能力大赛。学校职业技能培训中心已开办电子商务、计算机、致富带头人等培训，为农村劳动力转移和失业人员再就业起到了技术支撑作用。

"好风凭借力，送我上青云。"在新的学年中，有各级党政领导的亲切关怀，有社会各界人士及广大家长对职业教育的大力支持，全校教职员工一定会认真贯彻党的十九大精神，不忘初心、牢记使命、凝神聚力、履职尽责，抓质量、创特色、促发展，努力办好人民满意的职业教育。

2019 年 2 月 1 日　　星期五　　晴

自勉良言

1. 身正心正，有令才行；胆识过人，方得成功。
2. 逆境磨炼意志，危机催人奋进。
3. 努力在今天，生活在明天。
4. 珍惜 8 小时之外，成就非凡人生；学习不是拥有知识，而是成就自我！
5. 一个人具备成功的要素越多，成功的机会就越多。
6. 德匹位，位匹责，责匹能。
7. 思想老细胞就老，思想新细胞就年轻。
8. 人关键是内变，天才不是天生的，都是后天自我造就的。
9. 奋斗的人生最美，思考的人生最亮。
10. 在压力、挑战、逆境当中磨炼越多，锤炼出的智慧越多。
11. 校长应做到：方向引领正确、思想观念先进、务实规范守纪、个体整体优秀。
12. 人的生命是有限的，思想的力量是无穷的。
13. 不怕狼一样的对手，就怕猪一样的队友。

2019 年 2 月 3 日　　星期日　　雨

微党课：职校要树立四个意识

今天下午，支部主题党日活动的最后环节，由我讲党课，我讲职校的党员干部要树立四个意识。

一、要有忧患意识。孟子说："入则无法家拂士，出则无敌国外患者，国恒亡。"一个国家有外患可以刺激自身的发展，战争有时候可以带来和平，战是为了不战。中美贸易之战，让中华民族达到了空前的团结，这股奋进的力量足以让我们渡过难关。崇阳职校虽然是国家示范中职学校，但兄弟学校的进步，国家对职业教育的重视，要求我们务必时刻保持必胜的信心，以开拓创新的精神铸就崇阳职校一个又一个的辉煌。

二、要有规范意识。有时我们怕职能部门来检查，因为总担心会查出学校有不规范的地方而担责。我想，如果我们的工作都做规范了，检查不出问题了，我们还怕什么？我们有规范意识，睡觉也就安心了！我们要让财务规范、教学规范、项目招标程序规范、后勤管理规范等。就像是平时出汗洗澡、学习洗脑，对身体和思想都是大有裨益的！

三、要有纪律意识。我们不仅要有过硬的工作纪律，还要有过硬的生活纪律。八小时之外最能看出一个人的生活作风、纪律意识，如果八小时之外你沉迷于打牌赌博，你很有可能成为一个赌徒；如果八小时之外从不想工作，游手好闲，你一定是个不称职的员工；如果八小时之外你爱运动，你一定是个身体健康的人，你的生活也一定不缺乏光彩。

四、要有进取意识。一个人最可怕的是没有上进心，一个单位最可怕是的不前进、不发展。职业教育不进步就是退步。社会发展日新月异，思想进步与日不同，不学习，思想就落后，落后就将被淘汰。一个人的生命状态就是他进取的状态，有进取心的人生活有活力，行动有动力。一个团队整体追求进步，这个团队一定会长盛不衰！

2019年2月4日　　星期一　　雨

尊重对手

崇阳职校创办以来从未放松过招生工作，本着"有教无类"和"对每一个初中毕业生负责任"的态度，我们一直没有划线招生。

2018年，我校招生不是很乐观，8月下旬开学报名1320人，结果到9月10日坐在教室里的只有1021人，流失近300人，主要流向了市职教园和武汉一些中职学校。于是乎，老师们的心里很不舒服，心生怨恨。我开始也有点不爽，但转念一想，它们不正是我校很好的竞争对手吗？我们应该尊重对手呀！也许它们反而会是刺激崇阳职校前进的动力！市职教园和武汉能把我校登记了的孩子吸引过去，一定是它们某些专业比我们强！我们要把崇阳职校做强、做精，并加大力度宣传，把优秀的生源吸引过来。

尊重对手，向对手学习才能保持事业长盛不衰，没有对手，就会放松自己的警惕！草原上如果没有狼，羊就没有生存危机感，没有危机就是最大的危机，于是羊养尊处优，失去狼追击的锻炼，没有了优胜劣汰，羊群开始体能大降，病态丛生，甚至面临整体灭亡的危险！

没有对手是很危险的，有了对手不珍惜是可惜的，尊重对手，成就自我！

2019年2月5日　　　星期二　　雨

我的羡慕

我不羡慕人家多有钱，我羡慕人家身体有多健康，家庭有多幸福，工作有多顺利。

我不羡慕别人外表有多漂亮，而羡慕人家多有内涵、有气质，华而不实的东西一定经不住时间的考验。

我不羡慕别人地位有多高，而羡慕人家多有责任心、有爱心、有奉献精神。

我不羡慕人家现在有多风光，而羡慕人家多有实力，能一生平安。

低调做人、高调做事，方能赢得别人的尊重！

爱国爱家爱工作，心里方得踏实。

2019年2月6日　　　星期三　　雨

微党课：五个"尊重"

尊重学生。学生是活生生的人，他们有思想，有个性。我们整天和学生打交道，绝对不可以不尊重学生。我们要尊重学生的人格，不做有损学生道德底线的事情；尊重学生的差异，不嫌弃学生；尊重学生的出身，不戴有色眼镜看学生；尊重学生的个性，不一刀切地对待学生。

尊重学校。敬业是立身之本，乐业是立业之本。学校是我们的家，是值得每一个员工敬畏的地方，坚守岗位，努力工作是老师的本分。全体教职员工要树立"校荣我荣，校衰我衰"的责任意识，不做有损学校集体利益的事情。遵纪守法，积极为集体发光发热；遵循教育规律，促进每一位学生成人成才；遵守校纪校规，为学校争得荣誉。

尊重对手。人生要有对手，没有对手，就会放松自己的警惕！草原上如果没有狼，羊生存就没有危机感，没有危机就是最大的危机。发展走在前面的中职学校，是我们学习的榜样；后面的追兵，是催我们奋进的动力。尊重对手，向对手学习，我们会走得更稳。

尊重时间。看到学生，我们感觉自己的学生时代好像就在昨天，光阴荏苒，日月如梭，一晃十年、几十年过去了，反思自己的成就在哪里？如果我们能够自豪地讲，我没有把宝贵时间浪费在无意义的事情上，那我这一生是值得的。

尊重人生。上帝对每个人都是公平的，给一样的白天和黑夜，给一样的五脏六腑，给一样的生老病死，但活着、活着，人的差异为什么这么大呢？有的人富贵双全，有的人穷困潦倒。这世界没有无缘无故的爱，也没有无缘无故的恨！当你在游戏人生时，他在奋斗不已；当你在挥霍光阴时，他天天在进步，天天有异彩，吃你吃不了的苦，干你干不了的活，他的人生当然不一样。

做到五个"尊重"，活出精彩人生！

2019 年 2 月 12 日　　　星期二　　雨

以迎检促发展

常有人发牢骚，说这检查那检查多，常常应付不过来，有点烦！我想说的是：在现阶段，如果学校没这个那个检查，这个学校也就很难兴旺了。

我希望学校常常有领导或职能部门来检查，因为有人来检查，我们必定引起高度重视，事先务必把工作做得最好。常常来检查，时时来督促，为我们敲敲警钟，我们的工作就会越做越好，这不正是我们需要的吗？所以迎检实质是通过外部环境来促内变，慢慢地，我们的各项工作不需要上级检查了，我们的工作就有起色了。以迎检促发展，从平凡走向卓越，单位何愁不兴！

2019 年 2 月 13 日　　　星期三　　阴

低调做人

一个低调做人的人，他的人缘、他的机遇、他的成功率一定比高调的人要强得多。

低调的人能得到别人的尊重。低调的人与人相处时，总是把自己处在低层或平层的位置。尊重别人，所以他能得到别人的尊重。低调的人即使有权势也不欺人，有理也不声高，你尊重人家一分，人家敬畏你三分。

低调的人能得到别人的信任。做人容易，做一个令人信任的人非常不容易！低调的人没架子，容易让人接近，贤人亲近忠言多；高调的人架子大，达人远离小人近，良言甚远！

低调的人能增进人的和谐。低调的人谦虚谨慎，眼睛向下，与人相处没压力；高调的人眼睛向上，傲气十足，赢得一时风光，背后却遭人家非议。

低调的人大多胸怀宽广、能纳百川。他不追高，防自己摔得重，他不逐利，生活朴实无华，不求名不求利的人生，心胸坦荡无痕！

地低为海，人低为王。低调做人，高调做事，在平凡的工作中成就不平凡的事业。

2019 年 2 月 14 日　　星期四　　阴

抒　怀
——读《疯娘》有感（一）

奔泪读此文，一生如浮云。
不感父母恩，今生枉做人。

感　恩
——读《疯娘》有感（二）

奔泪读此文，感怀父母情。
双亲健在日，起居几度问？
至善父母恩，我辈复传承。
在世不尽孝，今生愧对人。

2019 年 2 月 26 日　　星期二　　雨

对行管人员的工作要求

　　热爱学习，保持思想源头活水；办事公开透明，有说服力，经得起群众的推敲；做默默奉献的后台者，不与群众争利益；敢挑重担，吃苦在前，享受在后；团结奋进，互相补台，共同抬桩；表现积极，展示团队精神；研究方法，注重工作创新。

2019年3月1日　　星期五　　雨

把潜能发挥到极致是人生的最佳状态

母亲接舅舅吃饭，舅舅把两个孙子带来了，大的17岁，读高三，小的12岁，读小学六年级。舅舅谈起两个孙子，说小的比大的强，我说为啥，他说大孙子老实本分，小的脑子灵活，嘴油会说话。

我说不见得吧！两个一比，我倒觉得大孩子沉着踏实，小孩子轻飘飘的，一张白嘴。

孩子聪明活泼，当然很好，但看一个孩子有没有前景，不能单看脑子灵不灵光，现在的孩子有几个是傻子？智力上的差别是很小的！目睹社会上不少人把聪明才智用在歪门邪道上，再聪明又有什么用呢？一张嘴多说话就好吗？还要看他能否会说话。

我希望舅舅的两个孙子都能成大才。孩子的潜力是无穷的，决定一个孩子的未来，关键看他在以后的人生道路上，是否能把自己的潜能发挥到极致，活出正能量，活出最佳状态！

2019年3月6日　　星期三　　雨

令人振奋的全县教育工作大会

今天，全县教育工作大会在县一中学术报告厅举行。教育工作大会每年都召开一次，但今年别开生面，我认为主要有如下几个亮点：一是程序精简，没有长篇累牍；二是内容实在，特别是黄局长的主题报告能结合崇阳教育的实际，查找问题一针见血，改进措施行之有效；三是会风严谨，全体参会人员做到了认真听会，鸦雀无声；四是规格高，有县委常委领导参加，有分管教育的副县长参加，也见证了县委县政府对教育的高度重视。

我相信，以此会议为契机，崇阳教育必将跨越式发展、蒸蒸日上！

2019年3月26日　　星期二　　阴

参观岳阳市华容县职业中专有感

3月25日下午，应通山职校涂校长的邀约，我带领柏辉校长和三个部的主任到湖南省岳阳市华容县职业中专学校进行了学习交流活动，我认为该校有几大亮点值得我们学习：

一、政府投入大。华容职校是新建的一所崭新的学校，投入3亿元，整个校园现代化气息浓，从教学楼、实训楼、寝室楼到运动场等硬件设施一流，学术报告厅、餐厅、运动场等规格"高大上"，我省很多中职学校的硬件都达不到她的水平。

二、华容职校经费政策好，人均每年拨款2400元。住宿费每年1000元，另因学生住宿条件好，学校每学期还向学生收取了超额的水电费。这些收费项目地方政府有政策，所以学校经费十分宽裕，给学校发展奠定了坚实的经济基础！

三、师生比恰当。华容职校在校生2800余人，教职工201人，其中非编教师20人，政府给职校人才引进和教师招录的力度大。

四、升学范围广。湖南省很多一本院校面向华容职校招生，这样就大大吸引了很多考不起普高的学生来读华容职校，也可以上一本院校。

五、学生实习如火如荼。华容职校长年有500人以上在外实习，每个年级都举行，高一叫认识学习，时间为1至2个月；高二叫跟岗实习,时间为4个月;高三叫顶岗实习,时间为6个月。学生实习,大多在沿海一带的知名企业。

六、专业特色鲜明。如电子商务专业,与湖南一家有实力的电子商务公司合作,以地方产业为依托,为华容县培养电子商务人才;智能机器人专业设备投入大,实训室高档、实用,学生实训效果好。

七、德育活动丰富。我们虽没有看到他们现场的德育活动,但从学校的宣传片中看出,华容职校的德育活动是丰富多彩的,在立德树人上下了不少的工夫。

八、教师幸福指数高。华容职校教师工资待遇比我们高,能吸引教师来华容职校任教。教师健身房、阅览室很有品位,教师在校能做到学习、工作、健身三不误。

四点反思:一是我校在提高老师幸福指数上还要下功夫,让老师在物质上和精神上都能体验到幸福,在政策允许的情况下,努力提高教师的福利待遇,我校也要建教师阅览室、教师健身房;二是在学生实习上还要下功夫,在实习中磨炼学生的意志,在实训中练就学生的技能;三是抓好专业建设,获得尽可能多的省级竞赛奖项;四是争取上级政策,争取项目资金,让学校办学经费得到充足的保证,争取加大专业教师的人才引进力度。

2019年3月27日　　星期三　　阴

在华容职校交流会上的发言

首先非常感谢华容职校高规格的热情接待,让我们倍感亲近。华容职校和崇阳职校有着惊人的相似。一是地理位置相似,都是比较偏的县级城市;二是学校规模相似,校园面积都是200

亩左右，在校生都是 2800 人左右；三是办学模式相似，都是三驾马车在跑，升学、就业、培训三不误。

不同的是华容职校的政策力量比我们更大，大学录取学校比我校更宽广，就业门道比我们多。我们将努力学习华容职校，争取本地区更大的政策支持力度，不断拓展就业方向，让更多的孩子能找到体现价值的岗位。

天下职教是一家，我们愿意同华容职校一道，遵循职业教育发展规律，探索职业教育发展路子，培养大国工匠，充实职业教育体系建设，在职业教育发展的路上一起成长、一起进步！

2019 年 3 月 28 日　　星期四　　晴

一棵公园里的树

一棵树，长在公园里，枝繁叶茂如车盖，每有游客路过，多有驻足欣赏。太阳公公问树："亲爱的树兄弟，你的枝叶为啥长得这么旺盛？"

树说："公园管理人员每月给我浇水施肥，无机肥多，吸收快，所以我长得旺！"

太阳公公说："我每天照在你身上，你在光合作用下要抓紧时间，制造自身的有机物，把你的根长粗、扎深，日后你会更长久的！"

树说："我不太需要呀，太阳公公！有人给我施肥，我是观光树，名贵树呢！"

一个夏天的晚上，狂风大作，树被连根拔起。第二天一早，太阳公公出来了，奄奄一息的树说了最后一句话："太阳公公，我后悔没听你的，我……我根扎得太浅，敌不过狂风！"

2019年4月12日　　星期五　　阴

崇阳职校十大亮点

崇阳职校是国家示范中职学校、全国教育系统先进集体、全国国防教育特色学校。归纳起来，有以下十大亮点。

一、丰富的德育大课堂。学校坚决落实"立德树人"的根本任务，遵行"成才先成人"办学原则，让德育进学科，进课堂。学校以德育课程为依托，以德育活动为载体，探索丰富多彩、形式多样的德育教育新模式。构建了强大德育教育资源库，内容包括学生行为习惯养成教育、心理健康教育、职业素养教育、理想信念教育、创新创业教育等，学校德育处、课程处和各部督查落实，并定期评估。建立学生德育成长档案，记录学生德育成长经历。

二、优质的师资队伍。学校双师型教师占85%，省级名师2名，咸宁工匠3名，学校每年用于优秀教师的培训资金40万元以上，分梯队培养本校骨干教师；学校开展"七个一"活动锻炼教师基本功，以课题研究、师徒结对、校本教研促教师成长；聘请社会知名人士、企业工匠、大学教授作为学校客座教师，定期在学校授课，这样既弥补了学校师资的不足，又充分利用了社会资源。

三、一流的办学条件。实训室条件一流，学校用于学生实训、技能高考、技能大赛的实施设备全省领先，实训软件与高校有效对接，校本软件得到有效开发；学生公寓楼六人一间，空调、热水一应俱全；学校班班配有现代化的智慧黑板，信息化教学手段一流；学校可容纳学生近5000人，符合国家中职学校办学条件。

四、一流的高考升学率。2018年技能高考上线率100%，其中艺术教育、汽车运用与维修、学前教育专业升本率走在全省前列。

五、优秀的技能大赛成绩。学校每学期举行校本技能大赛，积极参加全市技能大赛，决战全省技能大赛，每年在全省技能大赛的获奖率高深受省教育厅领导好评。特别是2018年在抽测和定测成绩中获奖率达75%，以此获得的职业教育奖补资金居全市之最。

六、灵活的办学体制。读崇阳职校，升学、就业两不误。学校遵循学生自愿的原则，想升学的升学，想就业的就业，特别是升学渠道畅通，有三种途径：单招、"3+2"、技能高考。单招主要是针对文化成绩相对薄弱的学生，高职院校自主招生提前录取；"3+2"指在中职读3年，高职读2年，颁发大专文凭，并包分配就业，2019年学校与武汉铁路职业技术学院实现了城市轨道交通专业"3+2"合作办学模式，与咸宁职院签订了会计专业"3+2"办学协议；技能高考录取面宽，2019年高职院校扩招100万，部分学术研究型院校将逐步转化为技术应用型院校，为国家培养大量的技术应用型人才。

七、科学的专业设置。学校根据专业特点分三个部：艺术教育部，包括音乐、体育、美术、舞蹈、学前教育、园林艺术等专业；信息技术部，包括计算机、平面广告设计、市场营销、会计等专业；机电一体部，包括机械模具、电子电器、汽车、城市轨道交通技术等专业。学校还根据市场需求调整专业设置。

八、宽广的就业前景。学校与本地12家知名企业签订了合作协议，定期派学生到企业顶岗实习，学习企业工匠精神，体验企业先进文化，愿意在企业上班的毕业后可留在企业。学校就业班的孩子在社会上走俏，都被企业提前抢走，其中汽车和学前教育专业就业班远远满足不了本地需求。

九、规范的军事化管理。学校推进准军事化管理，对整个校园实行无死角、全天候监管，对学生进行职业素养教育和行为规范教育，消除了染发、文身、打架闹事、抽烟等现象。准军事化管理和学校德育教育相结合，学校风清气正，校园充满活力。

十、灵活高效的短期培训。我校培训中心得到了市委市政府、县委县政府和县各科局的大力支持，培训项目多，培训内容实，培训效果好，为全县农村劳动力转移和精准脱贫作出了积极贡献；近年来，我校培训中心培训的学员均可获得国家补贴，不用自己掏钱便可学到创业的本领，培训时间多则6个月，少则1周；2018年，我校培训3000余人次；领导高度评价，学员高度赞许，群众反响热烈。

2019年5月3日　　星期五　　阴

在2019年崇阳职业教育活动周启动仪式上的致辞

尊敬的各位领导、各位来宾、老师们、同学们：

大家下午好！

绚丽的五月，生机勃勃，在这个充满希望的季节里，我校在这里隆重举行2019年职业教育活动周启动仪式！借此机会，我谨代表崇阳职校3000余名师生向莅临本次活动的各位领导、各位嘉宾表示最热烈的欢迎！向长期以来支持职业教育改革发展的社会各界朋友们表示最衷心的感谢和最崇高的敬意！

崇阳职校办学12年来，始终坚持以立德树人为宗旨，以培养德技双馨的大国工匠为目标，以服务地方经济发展为根本，取得了令人瞩目的成绩。学校先后被评为全国教育系统先进集体、国家示范中职学校、全国国防教育特色学校、湖北省放心食堂等荣誉称号。学校办学条件一流，各专业实训室、功能室一应俱全；师资力量雄厚，双师型教师达85%，知名企业在校客座工匠24人；技能竞赛走在全省前列，近3年有近200名学生在省市技能大赛中获奖；高考升学率在全省同类职校中遥遥领先，每年升本科率在10%以上，专科上线率100%；学校与本地12家知名企业签订了校企合作协议，与武汉铁路职业技术学院、咸宁职业技术学院、黄陂职业技术学校等31所职业院校签订了校校合作协议。凡在我校读书的孩子，真正达到了升学有希望，就业有保障、人生有出彩。

学校开设有"四大课堂"：军事化大课堂对学生进行行为规范教育和职业素养教育，成效显著；文化、专业技能大课堂着力提升学生的技能本领；社团活动大课堂让学生的特长得到尽情的施展；德育大课堂重在提升学生的人格修养。丰富的课程资源成就孩子三年亮丽的职教生活！

各位领导、各位来宾，在本次活动周期间，我校将全面开放校园，向社会各界展示学校办学成果，大力倡导"劳动光荣、技能宝贵、创造伟大"的时代风尚，营造"人人皆可成才，人人尽展其才"的良好氛围，让全社会充分了解职业教育的价值，共享职业教育的发展成果。

"迎祖国七十华诞，展职教时代风采。"崇阳职校一定不负党和人民的重托，为区域经济发展和特色产业转型升级作出最大的贡献！祝崇阳职业教育别有新天地，祝我县教育事业再上新台阶，再创新辉煌！

2019年5月5日　　星期日　　晴

我的新"三观"

人的一生在于奋斗，在于成长。人的生命是短暂的，奋斗的人生最精彩，不断成长的人生最闪光——这是我的人生观。

这世界没了谁，这个世界照样会转，千万不要太放大自己。找准自己的位置，低调做人，高调做事——这是我的世界观。

人生的意义在于奉献，在于为社会做贡献，不追名逐利，不随波逐流，为教育发光，为社会发热——这是我的价值观。

2019 年 5 月 10 日　　　星期五　　　晴

职业教育活动周活动效果好

到今天晚上 6 点，职业教育活动周活动就圆满结束了，我的心里非常舒畅：一个下午的活动，如行云流水，没有一点破绽，演绎得非常成功。来校园参观的家长近 2000 人，出乎我们的想象，领导嘉宾也来得整齐，让职校格外生辉。

这次活动我认为至少有三点成效：一是家长对我校的认可度大增，不像谣言说的职校不好，通过参观，大家对我校的发展都感到震撼！二是展示了我校师生的精神风采，学生团体操、技能竞赛水平让来宾非常佩服；三是展示了崇阳职校的办学实力，无论是学校人文环境还是硬件设备都得到来宾的高度认可。

2019 年 6 月 3 日　　　星期一　　　晴

毕业寄语

同学们，在这个即将离别的时刻，我有很多心里话想跟你们讲，又不知道从何说起。职校三年，在你的一生当中似乎是很短暂的，但对你一生的影响却是深远的。天下没有不散的宴席，你将踏上人生的另一征程。在此，我想对你说五句话，愿你们前程似锦！

做一个热爱生活的人。很多人游戏人生，到老也一事无成，这些人总叹上天对他不公，领导、同事对他不平，殊不知是自己缺乏对生活的热情。人的生命是短暂的，几十年光景一晃而过，热爱生活的人珍惜每一天、每一时。古人云：."志士惜年，贤人惜日，圣人惜时。"如果大家能做到不浪费光阴，珍惜每一天、每一时，即使成不了圣贤，你的人生也一定十分有意义。

做一个充满正能量的人。一个充满负能量的人是很可怕的，他不仅会传染给别人，自己也会被人瞧不起，就更不用说人生有出息了。一个充满正能量的人，他思维活跃，两眼发光，做事风风火火，干劲十足，给人以力量。愿大家永远做一个有正能量的人，干出自己的精彩，活出自己的风格！

做一个热爱学习的人。学习是一辈子的事情，千万不要认为在学校读书才是学习，出了社会就不学了，人应该活到老学到老。人与人之间的差别不在智力上，智力上的差别不到0.1%，差别在思想观念上，认知水平上，一个思想观念先进的人，一个认知水平高的人，他一定比常人强。"问渠哪得清如许，为有源头活水来。"只有热爱学习，才能保持思想的源头活水。

做一个有目标感的人。有人做过调查，有目标感的人成功率在90%以上，目标不明确的人成功率在45%左右，无目标感的人成功率不到5%。希望同学们永远要做一个有上进心、有目标、有冲劲的人。有目标的人在奔跑，无目标的人在流浪，有目标的人睡不着，无目标的人睡不醒。"咬定青山不放松，任凭东西南北风。"给人生一个梦想，锲而不舍地去实现，你的人生一定精彩无限！

做一个感恩的人。一个不懂得感恩的人是很可怕的，因为他不记得别人的好处，从此将失去别人对你的帮助。生命中有很多人值得我们去感恩：感恩父母，是双亲给了我们生命；感恩党和国家，是国家兴隆才有了家的幸福；感恩老师，是他们教会了我们知识和做人的道理；感恩一切帮助过我们的人，是他们的无私让我们感受到世界的温暖。希望同学们常怀感恩之心，做一个懂得感恩的人。

2019 年 6 月 8 日　　　星期六　　　晴

好家风出好儿女

晚上，一朋友家喜得贵孙，我登门贺喜。朋友见我来，很热情地召集一家人都来陪我。在他家人的盛情下，我心情格外的放松。我们一起谈家常，谈子女的教育培养，谈人生，等等。

从交谈中，我了解到他家有五个孩子，四个女儿和一个小儿子，这次是小儿子的喜事。五个孩子全都是大学毕业参加工作，全都在教书，有教大学的，有教小学的，真不愧是书香门第。能把五个孩子培养成人成才，足见其父母的伟大。

我的这位老朋友生活在农村，心地善良，待人诚恳，一生勤劳俭朴，靠一双勤劳的双手维持全家生计，靠辛勤付出所得送儿女读书。他家谈不上达贵，却是一个非常有德的家庭，为人做事在方圆几里的口碑都非常好。

我想，五个孩子都有出息都得力于有良好的家风，没有好家风哪有好儿女，没有好父母哪有好家风！

2019 年 6 月 9 日　　　星期日　　　晴

给儿子的一封信

儿子，可怜天下父母心！昨天看见你进赤壁站的孤单身影，

"儿行千里母担忧",你娘流泪了!她的牙床严重弯曲,约需3万块钱到武汉去校正种牙,几个月来不曾舒舒服服地进一餐食,因为把钱节约出来能让你上北京培训学习!天底下最亲的、最牵挂你的、最想你一生幸福的,除了亲生父母还有谁呢?

你还很单纯,不曾涉世,还很不懂事,你把人家对你的一小段感情胜过父母对你十几年的养育之恩情!不是吗?有人在中间添油加醋,你就和你娘吵架,又把你娘气哭了!我的心好疼!你在感情上的这种痴和狂,老爸也经历过!现在想起来是多么的可笑、无知!有些事我现在不愿去提及,因为它太敏感!太让人伤心!也太遥远!

儿子,学业是男人的基石,事业是男人的生命!男人没有好学业,你的门槛就比别人低;没有好事业只能低头走路!你爸虽出身贫穷,但是在一个充满爱、充满正能量的家庭中长大的!你爸谦虚谨慎,勤恳踏实,又能积极地改变自己,加上你妈的睿智、聪慧、贤达,才有我事业的成绩,咱家才这样顺风顺水。

我知道,你在有些方面还看不惯你爸妈,你想想,我们职校70%的是留守孩子,15%是家庭离异的孩子,1.5%是单亲或失去双亲的孩子,他们奢望有父母的唠叨还望不到呀,所以职校有一些孩子心理不健康!我们正在努力改变这一切。我知道,这个作用是微乎其微的,因为孩子在校只有三年,影响他一辈子的是他的家庭和父母,这些孩子的出身注定了他今后的命运得靠自己努力奋斗。

你的出生是幸运的,你爸是人民教师,你妈是白衣天使,家庭成长环境好,且父母健康,责任心强。哪怕你有时候做事有点出格,我们也始终没有放弃过对你的教育培养。

儿子,你将来必须为社会作贡献才能体现你的价值,成就国家就是成就你自己。儿子,你是咱家族的希望,时不待我,再过

10年，爸妈已经老了，你自己的幸福最终靠你自己去把握，家族的希望就在你身上。你会遇到多个十字路口，在决断的时候三思而后行，因为选择不对，一生努力都白费呀！愿你珍惜青春年华，抛掉杂念，奋发有为！

孩子，家永远是你的港湾！

2019 年 7 月 11 日　　　星期四　　晴

礼赞招生

这几天，职校老师脸上洋溢着喜悦之情，是十二年来没有看到过的表情：是啊，十二年啦，年年愁招生，年年招不满人！今年，学校首次突破招生计划，首次不需要出门，便有这么多学生慕名而来。招生，让职校老师挺不起腰杆；招生，在不理解的人看来，崇阳职校是下三烂的学校；招生，让我们失去师道尊严！

踏遍千山万水，历尽千辛万苦，走进千家万户，道尽千言万语，这是一种不忘初心、忍辱负重的精神，这种精神激励着一代又一代职校人奋勇向前！这是一种打硬仗的锐气，让我们无论遇到什么艰难险阻也决不退却，不达目的决不罢休的勇气。

"千淘万漉虽辛苦，吹尽狂沙始到金。"这局面来之不易呀！让我们向奋斗在一线的老师们致敬！向办学十二年来一直坚守在这里的老同志们致敬！

我们没有理由不努力工作，因为这里倾注了我们的汗水和泪水；我们没有理由放纵，因为来职校的每一个孩子，其背后都有不平凡的经历，我们承担着改变每一个家庭的使命；我们没有理由懈怠，因为职业教育的未来掌握在我们的手中！

2019 年 7 月 27 日　　星期六　　晴

崇阳县第四届（2019）名校长评选先进事迹材料

我叫吴雨金，今年 42 岁，中共党员、大学本科学历，1998 年 9 月参加工作，2002 年任崇阳县大源中学校长，2007 年至 2012 年任崇阳县港口中学校长，2012 年 9 月至 2017 年 8 月任大集中学一分校校长，2017 年 9 月至今任崇阳职业技术学校校长。17 年的校长经历告诉我：教育是一项事业，事业的意义在于奉献；教育是一门科学，科学的价值在于求真；教育是一门艺术，艺术的生命在于创新。一路走来，我有成功的喜悦，也有成长的幸福。总结自己，我主要做到了如下几个方面：

一、热爱学习。我一直没有不良的爱好，从不打牌赌博，不抽烟，不喝酒，应酬少，一心扑在工作上。除了工作就是学习，我坚持读励志书籍，不断的充电让我坚定了为教育事业奋斗终生的信念；我坚持读教育名著，用先进的教育思想武装自己的头脑，让先进的教育理念落地生根，尤其是现代职业教育的新理念新方法，我能做到运用于心，游刃有余。读书学习成了我生活的必需，如果一天不学习，就有营养不良的感觉。学习让我的思想保持源头活水，让我永远不落伍于人，在学校发展中始终保持顶层设计不偏差，宏观调控不走样，细节发展不粗心。我越来越感到有什么样的学习状态就有什么样的校长，有什么样的校长就有什么样的学校。

二、努力工作。从教 21 年，当校长 17 年来，我始终没有离开过讲台，我懂得教育教学的规律，能读懂孩子的心理特点，熟悉一线的教育教学问题，因此我的工作能做到有的放矢。教学是学校的中心工作，无论是我从事普通教育还是职业教育，我始终把教学放在中心位置，在普通教育中坚持课堂教学改革，在职业教育中坚持教学诊改，成效显著。我真正做到了以校为家，我认识到职业教育是没有天花板的教育，可以做到无限大，职业教育与社会接轨紧密，务必有与时俱进的思想办好崇阳职校。我没有休过寒暑假，更没有歇过双休日。忙于学校的工作，我顾不上家庭，幸有贤惠体谅的妻子，我的工作才没有半点耽搁。

三、敢于创新。我担任过四所学校的校长，除了发扬传统美德外，我从不走守旧的老路，港口中学的"135高效课堂"，一分校的"学导无界大课堂"，职校的"尚技大课堂"，在全县的教育教学改革中都起到了引领作用。我始终坚持立德树人的办学目标，认真践行成才必先成人的原则，不唯分数而分数，注重学生的综合素养的提升。我注重看学生分数是怎么得来的，知识若不能转化为能力，分数是没有意义的。我们需要培养品德高尚、阳光自信、乐观开朗、勤奋好学、热爱生活、常怀感恩之心、常悟教化之道的孩子。只有培养这样的人，我们的教育才是成功的教育。在职校，我注重孩子能力的提升，注重学生创新创业教育，培养学生有老总的理想、有专家的技能、有军人的规范。崇阳职校能得到社会的广泛认可，与我校的办学理念、办学目标和求真务实的精神是分不开的。

四、遵循规范。我遵循教育法、教师法办学，规范管理学校，做到财务规范、教学常规规范、学生管理规范，以规范促学校发展，促学生成长。同时，我个人行为规范，从不进娱乐场所，从不向不义之财伸手，遵循教育规律，打击有偿家教，反对滥布置作业，痛恨不遵循学生成长规律的不规范教育方式方法。注重自主教育，调动学生内在的学习积极性；注重行为规范教育，培养孩子良好的学习习惯；注重理想前途教育，培养孩子热爱生活的激情。

五、热爱职业教育。2017年，因工作安排，我被组织公开选拔到崇阳职校任校长。新的岗位新的历练，在职校工作两年来，我虽然废寝忘食，但心情舒畅，因职业教育的社会功能强大，我感到自己的价值得到了体现。职校的孩子，大多是家庭环境特殊、行为习惯差的孩子，把这一批批孩子教育好了，对促进社会的和谐稳定是功德无量的。同时我校注重职业技能教育，为社会培养大批量的技术技能人才，为我县经济发展和产业转型升级作出了积极的贡献！

六、成果显著。我热爱学习，坚持读书，2015年我被评为咸宁市全民阅读先进个人；我坚持教学改革，在省市县的各种学习培训中，我的报告深受学员专家好评；我热爱学校，工作出色，所到每一所学校都被评为先进单位！

教无止境，学无止境。在教育改革的路上，我不忘初心，牢记使命，力求改革创新，为我县教育高质量发展贡献自己的力量！

2019年8月2日　　星期五　　晴

对艺术培训的一点思考

暑假我送外甥到县城一家培训机构去学主持人，只见培训机构的艺术培训办得如火如荼。作为一个教育工作者，我心里很不是滋味。我不是嫉妒外面的艺术培训机构有多赚钱，而是为我们学校音体美教育的失败感到可惜！正是因为正规学校艺术教育落后，才造就了今日外面艺术培训机构的兴旺。

据我了解，一些语文、数学、外语等大科目教师霸占音乐、体育、美术、劳动、科学课等小科目的课时，我为这种行为感到痛心！分数的魅力就这么大吗？值得牺牲学生的个性发展，牺牲学生的尚美情趣和科学精神去做赌注？教育的肤浅是要付出巨大代价的，日后孩子的发展谁也无法预测，但不遵循教育规律的教育，后果是很可怕的。

教育若带有功利性，必将培养带有功利心的人。

学校要全面开设课程，开齐开足开好每一门课是校长、老师的法定职责，我们要敢于同破坏教育规则的行为作斗争，这需要勇气和毅力，更需要强硬的措施。

2019 年 8 月 10 日　　星期六　　晴

在长三角招商学习有感

2019 年 8 月 5 日至 10 日，我同县人大副主任曾维艳、教育局招办主任汪志宏、后勤办主任庞高辉一行 4 人带着招商引资的任务，在长三角的几个经济发达城市进行招商！当校长多年了，这么长时间的外出招商学习还是第一次。

我们这次接触的都是在长三角比较有影响力的老板，通过看、听和反思，我受益匪浅，在回家的车上，我感觉自己对目前中国的经济形势有了全新的认识。职校校长了解国家的经济形势和企业动态是非常有必要的，因为职业教育的根本任务是服务经济发展，也为职业教育走向市场、确立我校的办学方向提供了重要参考。归纳起来，主要有如下几点感悟收获。

一、我认清了中国几大经济区的发展前景。我国第一大经济带是长三角，它指长江出口处的冲积平原地带，是以上海为龙头的浙江、江苏等地区。这一带土地肥沃，气候适宜，人文底蕴深厚，连海连江，资源丰富，是我国最早的富饶之地，现在和将来发展前景都很大。第二大经济带是珠三角，指珠江出口的广东省的深圳、珠海、广州等地区,是我国改革开放后发展最快、中国最富有的地区,这一带人口密集,经济繁荣,前景广阔。第三大经济区是京津冀区,指以北京、天津为龙头的河北8个城市,也就是8+2城市圈,这一带有京城的带动,经济活跃。第四大区是以武汉、重庆为龙头的周边城市,这一区目前开发力度不足,但前景非常广阔。所以在武汉及其周边城市投资兴业将是理想之地。

二、中国大城市将是有品位的城市。近几年,北上广深的人口在减少,究其原因是大城市生存压力大,很多人生存不下去。一线城市的教育、医疗、社会综合服务能力强,因而能够在一线城市居住的人幸福指数高,生活品质好。但一线城市又不是一般人能立足的,能在一线城市立足的只有两种人,要么技术强,要么财富丰,否则你只能选择离开。有品位的发达城市也容不下低品位、低素养的人。当然,有能力有技术的人在一线城市安家落户是社会发展的一种必然趋势。

三、乡村振兴是国家战略。国家对乡村振兴一直规划到2035年,将来必将大有可为。中国土地广阔,大量农村人口外出打工,导致农村很多田地荒芜,让农民回乡,既符合农民身份,也为农村发展提供足够的人力资源,更重要的是父母回乡,留守孩子少了,教育就没有那么困难,国民素质整体提升了。

四、人类的下一次革命将是生命科学和人工智能。生命科学将攻克癌症和细胞衰老科技,人的寿命将普遍提升。人工智能的普及将给人类带来极大的生活和工作的方便,机器人将普及每一个家庭,人类将植入芯片,并与人的大脑完全融合。人类将变得极为聪明,世界都将智能化了。到时候,天上飞的是智能飞机,地上跑的智能汽车,水里游的是智能潜艇。

2019年8月11日　　星期日　　晴

这个城市我来过

一次，我见到一个多年未见的朋友，他说喜欢旅游，到过全国的很多城市。几年未见，我跟他还聊得来，但大多是聊的旧情，过往的事情。对这个世界的认识和看法他好像没有高见。我不禁有点惋惜！

很多人很自豪地说：这个城市我来过。可又对这个城市了解多少？这个城市有什么样的文化底蕴？人口状况如何？经济状况如何？都一无所知！我想，如果单就旅游而去旅游，还不如在家打打篮球，否则，劳神费力！

读万卷书不如行万里路，行万里路不如名师指路。我觉得考察学习是在行万里路，听企业老板分享经济形势和创业经历就是名师在指路。每个城市的发展都有其特定的背景，有其特定的文化，尤其是发达的城市；每一个成功的创业者在大城市扎根落业都有特别的人格魅力、不平凡的成长过程。你若静下心来学习思考，收获一定出乎你的意料。关键是我们要进行有深度的学习和思考，而不是走马观花。

2019年9月5日　　星期四　　晴

崇阳职校安全工作"12320"

（校长讲话发言提纲）

一、实现一个目标：平安和谐校园。
二、压实两个责任：主体责任和监督责任。

三、加强"三防"建设：人防（人员配齐、到岗到位）、物防（八大件，着装、一键式报警器）、技防（有发现可疑点的锐利眼光、避免冲突，有冲突怎样一招制服对方）。

四、20个风险点：

意识形态安全，政治意识、大局意识、核心意识、看齐意识；教育理念和教育方法不当安全隐患；不尽职、不尽责安全隐患；学生就餐安全；楼道安全；厕所安全；死角安全（围墙、第二、第三实训楼）；学生离校来校安全；设施设备安全；心理安全，心理在于减压、疏导、释放；溺水安全；消防安全；线路电路安全；卫生防疫安全，学生卫生习惯，学生体检，老师讲卫生；学生实训安全；女生安全；门卫安全；食品安全；车辆安全，教师酒驾、乱停乱放，学生坐无证车辆；金融安全，谨防校园贷。

2019年10月3日　　星期四　　晴

迎5G时代　创智能职校

1. 搭建信息化平台，建好线上线下平台，包括手机端智能平台。
2. 办好汽车专业，向新能源方向发展。
3. 办好机械模具专业，向智能制造方向发展。
4. 办好计算机专业，向热门方面发展。
5. 开拓电商专业，向智慧物流方向发展。
6. 办好电子电器专业，深化产教融合，向传感方向发展。
7. 打通各专业的连接。
8. 新增传感器和无人机专业。
9. 智能校园平民化、大众化、规范化。

2019年10月24日　　星期四　　阴

学习初感

十月的北京，秋高气爽，风里带着丝丝寒意，我的内心却热乎乎的！带着无比的激动和热情，带着对职业教育的初心和使命，我有幸参加"国培计划——湖北省中职学校卓越校长第二期培训班"学习。我任职业教育的校长两年来，还是第一次参加这么高规格的专题学习。职业教育的工作忙而杂，我从去年推迟到今年，又从今年的第一批推迟到第二批，感谢领导的批准，我终于来到了中国的第一学府——清华大学，真是机会难得，学习难求。我下决心要好好珍惜这宝贵的学习时间，不负清华之行，不负湖北省教育厅之望！

职业教育迎来千载难逢的发展机会，但怎样发展又困难重重，前景一片茫然！中国的职业教育体系如何完善？产教融合如何落到实处？校企合作如何取得实效？技能提升行动如何推进就业？有没有可供借鉴的现代中职教育模板？种种谜团，在这次培训学习中我希望能找到答案，或能给我启发，让我能从实践中悟到答案！

我知道：学习的时间和内容是有限的，但对职业教育的认知和实践是无限的！相信即将迎来的专家讲座和参观学习，能带给我对教育的无限思量！

2019年10月25日　　星期五　　晴

开班第一讲

今天上午是开班学习第一讲：《中华传统文化〈道德经〉智慧》，由清华大学王晓毅教授主讲。

《道德经》是中国古代的一部文化宝典，涉及政治、经济、文化等方方面面，它虽只有5000多字，但5万字、50万字、500万字也解读不完，其深邃的内涵值得我们细细品味。

　　王教授讲课很幽默，联系生活实际和社会现实，把一部《道德经》娓娓道来，生动有趣，学员们听得入耳入心。《道德经》中的几乎每一句都能在社会上找到可以印证的现象。它对社会、对人性的提炼是如此精准，如此纯熟！老子的思想真是深不可测，难怪孔子都拜他为师！我们学习《道德经》，是站在伟人的肩膀上成长！

　　一部《道德经》让我们折服得五体投地，中华文化博大精深，源远流长！习近平总书记提出"我们要有自己的文化自信"，中华文化也足以让我们自信！教师教书育人，是文化的传播者，《道德经》的智慧，我们必须传播下去！

2019年10月26日　　星期六　　晴

职业教育得不到社会广泛认可的原因

　　一、历史原因

　　1. 中国自古代至近代重农轻商。

　　2. 受封建思想"学而优则仕"和"万般皆下品，唯有读书高"的影响，老百姓对职业教育认可度不高。

　　二、现实原因

　　1. 功利思想存在。一些人对"白领"很向往，追求养尊处优的生活。哪怕文化成绩再差的孩子，父母都希望他考个大学，不愿意他心智还不成熟就流入社会就业！

　　2. 少数人心态不纯。心态的不平衡让他无法静下心来下企业、干实事！这些人常常浮躁、虚度年华！

3. 社会的最低生活保障让一部分人不思进取，对生活缺乏斗志，而社会又必须承认他们的存在。

三、对策

1. 培育社会精英，做好事实上的二八定律。做好拔尖人才培育基地，让他们代表中国先进生产力的发展方向，能带领其他人实现科技进步、技术技能提升和创新！

2. 大力实施技能强国战略，落实《技能提升行动方案》。做到人人有职业，有技能，社会不养闲人！

3. 发扬吃苦耐劳的精神，通过劳动致富；倡导百艺好藏身的品质，通过学技能立身、立业。

4. 奖勤罚懒，奖优罚劣，培育社会主义新风尚。

5. 做好万众创新、大众创业这篇大文章。

6. 向工业4.0进军，实现定制化、自动化；制造业高效益，高质量，服务业高智能、高品位。

2019年10月27日　　星期日　　晴

昌平职校取得成功的原因

这次学习，我们重点参观了北京市昌平职业学校。昌平职业学校是国家重点职业学校、国家示范中职学校、北京高水平职业院校、国培计划定点培训学校、教育部定点向全国推广的学校，其办学使命是"把需要工作的人培养成工作需要的人"。该校最有特色的是"三有课堂"和产教融合。

没有随随便便的成功，一切成果都是来之不易的。昌平职校的成功是昌平职教人共同努力的结果，我认为主要有如下几点值得我们学习：

1. 敢为人先、敢于创新。昌平职校在众多职校中能脱颖而出，首先是他们的职业教育思想超前，想他人之所未想，干他人之所未干。在改革中创新，在创新中发展，十年磨一剑，功夫不负有心人，昌职的成功有其必然。

2. 知人善任，有人可用。我见到的几个中层干部，从他们的精气神可看出他们饱满的工作激情和自豪的职业幸福感，学校创造了教师专业成长的宽广平台！

3. 把握时代脉搏准，对经济、政治、文化形势判断准，对职业教育发展方向定位准。

4. 爱岗敬业，热爱学习。昌平职校的领导和老师有高度的教育自觉性，爱岗敬业的氛围浓厚！

5. 每一块工作都有一个团队，善于发挥团队的力量。每一块工作都有理论支持，有实践的操作流程和方法。如德育体系建设、三有课堂、产教融合、校企合作、教师培训等。

6. 善于总结、提炼、反思，工作有特色。

7. 学校整个工作形成了体系，融洽而不脱节，并有一个总纲在引领着。

8. 学校领导管理团队有思想，有胆识，敢破敢立，开拓进取，求实创新！

2019 年 10 月 29 日　　　星期二　　晴

教师的"六态"

我认为教师应有"六态"：

一、端庄的仪态。教师为人师表，教书育人，一言一行对学生都是示范。教师要做到落落大方，彬彬有礼，声声有韵。教师的"礼"应该是最标范的。无论你遇到什么人，在什么场合都应该是"礼"的表现者。常见有老师蓬头乱发，什么爆炸型的、摆酷型的，甚至有教师衣冠不整，这是对学校这个神圣殿堂的不尊重。

二、积极的心态。积极向上的人细胞活力强。积极的人思维活跃，时常会有智慧的火花；积极的人总会给人以正能量，给你以激情和热情；积极的人容易引起别人关注的目光，成功的机会也越多！事物一般都有两面性，如果你关注阳光面，你的生活就充满阳光，如果你关注阴暗面，你的生活一定黯淡无光。

三、健康的体态。健康不是所有，但没有健康毁所有。健康包括身体健康和心理健康。一个人身体不健康，何谈工作埋头苦干、夜以继日？没有好身体就没有好工作效果。好身体来自均衡的营养和有恒的锻炼，还有良好的生活习惯，如不抽烟、不喝酒、不熬夜、不受气，你做到了吗？心态好的人自我调节能力强，自然能笑对人生，坦然处事，幸福指数当然高。

四、饱学的姿态。两个人年纪相仿，一个是初中毕业生，一个是大学本科毕业生，并排在一起走，我们一眼就能看出谁是大学本科生，为啥？因为本科生显现出一个有文化人的姿态，他们的步调，他们的气场，一看就不一样，这就是文化的魅力。教师应有饱学的姿态，这是装不出来的，是一种内在气质的外在表现。

五、科学的教态。有什么样的教师就有什么样的课堂，有什么样的课堂就有什么样的学生，有什么样的学生就有什么样的学校，教师是教学改革的最关键因素，每个老师都应有一套属于自己的，能够运用自如的教育理念和方法。科学的教态丰富而有内涵，非一日之功，需要教师有大师的理念支撑，有落地有声的流程和方法，有课堂上丰富的生成，有充满幸福的掌声和笑声！

六、爱学习的常态。只有爱学习才能保持思想上的源头活水，只有爱学习才能成长进步！学先辈、学大师、学身边的典型，向书本学、向社会学，把学习当成一种信仰，让学习发生在自己身上！社会变化日新月异，人文进步一日千里。教师是知识的传递者、灵魂的塑造者，我们没有理由不热爱学习。学习应成为教师的常态。

2019 年 10 月 31 日　　星期四　　晴

沟通的艺术力量

我常常思考：经常有一些很难办成的事情，为什么有人能办成，而有人办不成？为什么有人在谈判桌上、在请求领导办事上、在贯彻自己的想法和思想时总是如鱼得水，事事顺利？学习了清华大学宛辛教授的《能干者必善沟通》的专题讲座，我明白了很多。

想办事、能办事、办成事的人一定是能人，他具有多方面的能力，但最重要的是沟通能力强。在谈判时他非常有诚意，只有真诚才能互信；他能找到双方的需求点，兼顾双方共同利益，不卑不亢，互惠互利而又相互牵制。这样的谈判结果也是双方都愿意看到的理想结果。否则谈不来，谈来了也合作不长久。职业学校在与企业的合作谈判中，这些原则和能力也是必备的。

在向领导的汇报中，他能精准概括一二三；请求领导解决问题时，诉求切合实际，领导都觉得这个事情非解决不可；在向领导汇报工作时，从容自如，表达得体。超常的表现，让领导对他刮目相看。能得到领导的认可还有不好解决的问题吗？

要想让自己的想法和做法得群众的认可，我们通常的做法是开会或演讲，讲自己的立场和方法，讲事情的前因和后果，讲为什么这样做，怎样做，等等，这就是一种沟通的艺术。你能否感染观众？能否得到听众的认可？若能运用各种打比方、举例子、列数字及声音的抑扬顿挫等手法来博得观众信任，你就是沟通的强者。

只要有对话的地方就有沟通，只要有思想交流的地方就有沟通，沟通无处不在。沟通能力强的人，成事的机会就大。这就要求沟通者懂心理学，对事物有洞察能力，判断力极强，表达力极丰等，我们要不断锤炼这方面的能力。

2019 年 11 月 1 日　　星期五　　晴

崇阳职校"不忘初心、牢记使命"主题教育"三三三五五五"汇报提纲

崇阳职校"不忘初心、牢记使命"主题教育我归纳总结为"三三三五五五"：

打造"三红"教育：红色校园；红旗教师（九星教师）；红星学生（五星学生）。

强化"三个"坚持：坚持区块联动，部门与部门联动，支部与支部联动；坚持立行立改，检视问题深刻，不留尾巴，坚持全面推进；坚持主题教育进教室、进寝室、进课堂、进超市、进食堂。

珍惜"三个"碎片时间："晨学、午思、暮省"。老师们白天都要备课、上课、批改作业，但主题教育我们决不能落下，我们珍惜三个碎片化的时间：早晨读一章一书，并在书上做记号；中

午咀嚼消化，思考书中要义；晚上对照工作实际悟，对照一章一书悟，做一名优秀的干部和合格的党员。

开展"五个一"主题党日：齐唱一首红歌，重温一篇讲话，学习一章《摘编》，观看一集短片，分享一段感想。

调动"五个感官"上阵：望，就是"看"政策法规，"看"三章一书，登高望远，站位要高；闻，时刻能"嗅到"党内动态，"嗅到"从严治党的高压态势，时刻做到守规守纪，警钟长鸣；问，通过调研、座谈、诊断等多种方式准确认识到学校发展遇到的真实问题；听，通过听取老师民主意见，学生评教评学等方式正确认识自身存在的缺点和不足；切，对发现的问题有想法，有办法，能及时改正，补齐短板。

坚持"五个一"日常规：每日一查，值日领导人员每天查出学校发展中存在的问题，并做好记载；每日一研，针对查出的问题进行研究，问题产生的原因，解决问题的方法；每日一改，对查出的问题立即改正，不允许重犯；每日一结，行政值日人员对一天的工作进行小结；每日一感，发表值日工作感言。

2019 年 11 月 29 日　　星期五　　晴

控辍保学"八法"

一、成立家长夜校，提升家长素养。对家长讲培养孩子学习习惯、学习品德的重要性，有什么样的家长就有什么样的家庭，有什么样的家庭就有什么样的孩子。很多孩子辍学，不是家庭贫困而辍学，是厌学而辍学。孩子从小没有父母的陪伴，行为习惯差，在校读书成绩怎么会好呢？现在是拼爹娘时代，拼的不是家长留给孩子多少钱财，拼的是家长的责任，拼的是家长的素养。家长综合素养高的家庭，一定不会有差孩子。

二、办好每一所学校，让校园变乐园。让学生喜爱学校，热爱老师，让学校真正成为学生依恋的家园。若真如此，我们还会担心学生流失吗？一所好学校，有一个好校长是关键。因为校长是一所学校办学的灵魂；有一批爱岗敬业、爱生如子的好老师是重点。我县在义务段学生流失率都很低，跟我县有一批好校长、有一批好老师有关。学无止境，教无止境，控辍保学，提高质量永远在路上。

三、打造书香校园，让书香浸润孩子的心灵。书籍是人类进步的阶梯，一个爱阅读的人，他的人生是幸福的，至少会少走弯路，他的谈吐一定与别人不一样，成功的机会也多些。打造书香校园，让书香浸润孩子的心灵，一个孩子的灵魂都被我们感化了，还担心他流失吗？

四、开好开齐开足小科目，做到因材施教。国家对各学段课程的设置都是很科学的，我们不能说中考高考不考的就不教，这是违背教育规律的。教育的目的是在培养人，而不是仅仅在应考。其实人培养好了，他的考试成绩也一定会好。教育不是看现在的孩子怎样，而是要看10年、20年、30年后的孩子怎样。带功利性的追求现在的分数，扼杀的是孩子的天性。

五、改革课堂教学模式，让学生在课堂充满快乐。一个孩子在校学习时间70%的是在课堂上度过的，课堂上不快乐是孩子最大的痛苦。我们也经常听报告，听好的、精彩的报告是一种享受，听枯燥无味的报告是一种痛苦，甚至于选择中途离开。如果我们的老师的课堂教学不是有用有趣有效，在长年累月的一节又一节的课堂中，想想我们孩子的心情吧！因此控辍保学的首要任务是改革传统的教学模式，让课堂有趣有效，在乐中教、在乐中学。

六、开发校本课程资源，让学校得到全面的发展，不唯考试而考试，不唯分数而分数。教育最简单、最无聊的方式是照本宣科，教师当一个知识的搬运工，这是很可怕的。生活无处不课堂，"世事洞明皆学问，人情练达即文章"，我认为校本课程是一所学校的王牌，是一所学校的软实力、吸引力所在。

七、开展丰富多彩的活动，以活动激发学生学习的兴趣，以活动带动学生成长，做到活动留人。低段的以游戏为主，高段的以自主的教育活动为主。我县的社会综合实践活动开展得有声有色，在全省有影响力，这也是在增强学校的磁力！

八、推行自主教育，让孩子充当学校的主人，让学校不带权威，不带功利。教育需要面向全体，尊重个体，反对霸权，反对功利。师生民主平等、教学相长是教育工作者遵循的基本原则。

2019 年 11 月 30 日　　　星期日　　　晴

崇阳职校控辍保学三点措施

崇阳职校是一所由政府主办的全日制中职学校，在校学生近4000 人，教职工 168 人，学校共有汽车运用与维修、机械制造、计算机、学前教育、园林艺术等 15 个专业。2019 年初中毕业生4800 人，崇阳职校招生 1542 人。这对于一个三省交界的山区来说，职业教育有这样的规模是很不容易的，在控辍保学保教方面，我们主要有如下几个特色：

一、在初中融入职业教育课程、劳动技术课程，这是"五育并举"中培养学生热爱劳动的好课程。根据年级特点，初三学生开始分流，学业成绩优秀的，有希望进入重点高中的干劲十足，学业成绩落实后的心灰意冷。为了稳住生源，本着对学生负责任的态度，我们在全县每一个毕业班级对接一位职校老师，承担劳动技术教育和职业素质教育入门的任务，并监控每一个后进学生的思想状况，稳定其不流失，以便在初中毕业后接受职业教育。

二、教育部和人社部为了促进职业教育的发展，规定一年中用两个周宣传职业教育，即把每年 5 月份的第二周定为职业教育活动周，把每年 11 月份的第四周作为职业技能提升行动周。我校充分利用这两个宣传周的契机，举行丰富多彩的活动，并把初中学生学业成绩落后的学生和家长请来职校参加活动。凡参与的学生和家长都感受到职校的办学实力、办学思想，把职校作为自己初中毕业后成功成才的理想学校，这既为职校招生奠定了基础，又减少了初中学生的流失率，同时弘扬了"劳动光荣、技能宝贵、创造伟大"的社会主义新风尚。

三、国家对职业教育的资助政策解决了初中孩子因贫困上职校难的问题。很多初中在读的孩子，在毕业之时必面临一问题：上重点普高吧，学业成绩落后上不了；上民办普通高中吧，学费太贵上不了；但读职校是免费的！凡读职校的孩子，不用交学费，高一高二每人每年享受国家助学金 2000 元，精准扶贫的孩子，除了享受助学金，另每年享受"雨露计划"资助 3000 元，三年共 9000 元。

2019 年 12 月 3 日　　星期二　　阴晴

职业教育高质量发展的几点思考

一、要全面推进"三教改革"，即教师、教材、教法，因为改革改到深处是教学，改到难处是模式，改到根处是教师。

二、5G 改变社会，物联网、大数据、云计算、人工智能等新产业新行业发生根本性的转变，产业的重新定位必然导致专业建设的转型升级。工业园、工商联应经常召开联席会、研讨会，成立职教联盟，明确其职责和使命，扎实开展工作。

三、咸宁各县市招商局可充分利用职校的资源，保障来我市投资兴业的企业的实习实训，并通过这种方式留住人才、让职业院校毕业生在本地就业。

四、做好两个周的展示活动，即每年5月份第二周的职业教育活动周和11月份第四周的技能提升行动周，宣传职业教育。

五、明确职业教育的培养目标：培养什么样的人？怎样培养人？

六、把创新创业教育作为职业教育发展的首要任务和第一动力。

2019年12月6日　　星期五　　晴

崇阳职校十大奖项

2020年即将来临，我校决定在元旦召开崇阳职校教育工作会，总结一年来的成绩，安排部署2020年工作，在会上，将表彰崇阳职校2019年十大奖项：县名校长、名班主任、名教师；突出贡献奖；先进工作者；优秀班主任；优秀青年教师；优质课竞赛奖；师德标兵；技能大赛、文明风采大赛优秀辅导奖；控掇保学先进个人；招生先进个人。

2019年12月8日　　星期日　　晴

崇阳职校德育大课堂框架

一、以小组建设为载体，实施自主管理教育。

二、德育教育每月一主题，每年级一主题。

一月孝文化教育月；二月地方传统文化教育月；三月行为习惯养成教育月；四月心理健康教育月；五月生命安全教育月；六月禁毒教育月；七月社会综合实践月；八月社会综合实践月；九月行为习惯养成教育月；十月爱国主义教育月；十一月感恩教育月；十二月法治教育月（12月4日为中国法制日）。

每年级一个主题教育：高一自信教育；高二自立教育；高三自强教育。

2020年1月1日　　星期三　　阴

教师的幸福在哪里

教师是人类灵魂的工程师，从事着人类最光辉的职业，教师是幸福的。但受拜金主义等不良社会风气的影响，有的教师体验不到职业的幸福。

教师的幸福在哪里？

教师的幸福在于对教育事业执着追求，在于对教育事业高度的责任感和无限热情，不求名，不求利，但求工作的意义和快乐。在民主与平等的师生关系中，学生的成长便是他的成长，学生的快乐便是他的快乐，学生的苦闷便是他的苦闷。他的灵魂已与学生的灵魂融合在一起。他不需要任何领导的检查与督促，工作已是他的自觉行为，学生的进步是他前进的动力，学生的成长是他生命的全部。

教师的幸福在课堂。如果说男人的生命在事业，那么教师的生命在课堂。不能在课堂上找到幸福的教师不是好教师。幸福的课堂必定是在先进教育理论指导下的课堂，把学习主动权还给学生的课堂，让学生充满激情的课堂，学生在课堂上充满快乐和幸福，学生的幸福就是教师的幸福。这样的课堂，启迪智慧，开拓创新，教师预设精心构思，课堂呈现精彩纷呈，教师点拨导学恰如其分。

教师的幸福在于不断地学习。教师应不断学习充电，不断更新观念，把学习当成一种生活、一种品位、一种乐趣，传统的说法是"要让学生能有一碗水，教师必须要有一桶水"。即使教师的水一桶一桶增加，教师文化品位不断提升，也满足不了一届又一届学生对水的需求。学生步入社会，也不一定继续喝到老师的水了。新课标要求教师应教会学生去找水，"授之以鱼不如援之以渔"，只有教会学生找水的本领，才能让学生在人生道路上不断"找到源头活水"。

教师的幸福在于承认差异，面向全体。学生的差异是客观存在的，教师不可能消除差异，若是因为差生而恼怒，生活不幸福，那是教师的悲哀。新时期的教育要求老师务必面向全体，尊重个体。其实差异也是一笔不小的财富，学生出现了不同性格，不同个体特征，更有利于相互学习，共同成长。因差异也出现了一些奇才甚至怪才，这奇怪之才在正确的引导下说不定会成就不平凡的事业。

教师处处都有幸福，只要我们善于寻找，懂得知足，以阳光的心态对待工作、对待生活，教师的人生必将快乐、幸福。

2020 年 1 月 2 日　　星期四　　晴

我们的课该怎么备

常听一些老师骄傲地自夸他们是怎样利用电子备课室备课，当我细问他们一节备课里包含几个流程，备这节课的理念是什么，是"备教还是备学"时，他们却不能说个所以然来。看样子他们的备课很注重形式，并没有去探究备课的本质。

我认为教师的备课不应是"备教案"，而应是备"导学案"。立足于"为了每一位学生的发展"，研究如何更有效地促进学生的学，遵循"以学定教，以教导学，以评促学，自学为主"的原则，能通过自学、展示、合作探究来达成目标、生成能力、培养情感。

传统的备课很注重预设，以教师的经验为依据；高效课堂下的导学案的设计很注重生成，力求在课堂上迸发灵魂的火花。传统的备课备大纲，备学法，备教材，为"教"服务；导学案的设计是备学生，备学法，备评价，促进学生的"学"。传统的备课，教材具有权威性，是"教教材"，导学案的设计认为教材是教学活动的载体和媒介，是"用教材教"。传统的备课教法单一，导学案的设计是一个综合要素，包括教学过程的确定、学习方式的选择、教学方法的定位、组织形式的确定、媒体的设计和选择等都有严格的要求，所以备课应备"导学案"，而不是备"教案"。

教案重在"教"，是以老师为主体；导学案重在"学"，是以学生为主体。根据主体教育思想理念，教师应是"带着学生走向知识，而不是带着知识走向学生"，谁优谁劣，不辨而明。

导学课堂模式是站在改革的前沿和先进的教育教学理念指导下提出来的，具有前瞻性和可操作性，它能让刷在墙上的教育理念走进我们的课堂，走进师生的心灵。

首先，备目标。应明确课堂的学习目标，让学生的学能有方向的学。目标里分出重点和难点，引起学生的重视。

其次，备学法。为了完成学习任务，应该采取哪些学习方法。自学不能解决的问题，可以对学。对学不能解决的疑难，可以群学。群学不能解决的，由老师点拨指导学等。

第三，备生成。导学案的设计重在课堂上达到情感迸发、灵魂碰撞的效果。当智慧的火把点燃时，各种思潮、各种创新会不期而至。教师只有预测各种火花，才能应对自如。

第四，备精题。一份导学案一般要备三种题：预习自学题，合作探究题，巩固反思题。三种疑问题的提出必须是精益求精，避免泛滥重复。

第五，备评价。小组合作学习是提高学生学习兴趣的一个很好的操作模式，评价显得尤其重要，如教师评价，生生互评，自我反思评价，小组综合评价，激励性评价，即时性评价等。如果我们能把这些评价方式运用自如，课堂就会充满激情。

第六，备组织形式。为了完成学习任务，为了学生学得更扎实，我们是以什么样的组织形式来呈现的：什么时候用多媒体？什么时候小组讨论？就像一栋漂亮的房子，如果丰富的内容是其内部的装修和摆设的话，那么组织形式就是其框架结构。只有组织形式多样、内容丰富的课堂，才是充满智慧的课堂。

2020 年 1 月 3 日　　星期五　　晴

八环节学习法——学习的制胜法宝

一、制定计划

制订短期计划和长期计划，短期计划可以是一天或一周；长期计划可以是一个月或一个学期。学生能自主明确一定的时间内的学习内容和学习目标，并按计划一步一步地完成。

二、课前自学

只要学生自己在课前能认真自学，上课就会有备而来，充满学习信心。在自学中要提出疑难，便于在上课时解决。

三、专心上课

积极参与小组合作学习，在同学的帮助下，在老师的点拨下解决预习中的疑难。在课堂上，激情参与，阳光展示，谦虚谨慎，沉着警觉。

四、及时巩固

每节课结束，用很短的时间把上节课的知识重难点像放电影一样在大脑里放一遍，加深理解与记忆。

五、独立作业

能认真独立完成章节的作业训练题，确实有困难的，请教同学或老师。

六、认真纠错

每人准备一个纠错本，对每章节或测试中有疑难的题目或知识点收集到纠错本上。

七、章节小结

学生能自己归纳出每一章节的重难点，写在一张纸上，这样就能读厚为薄，所学知识了然于心。

八、课外学习

教材只是个蓝本，丰富的知识在课外。学生能海量阅读，疯狂记忆，强化训练，以举一反三，触类旁通。

八环节学习法是学生搞好学习的制胜法宝。

2020年1月4日　　星期六　　阴

小学习惯　初中方法　高中心态

　　很多学者都在研究，从小学到高中，各阶段到底应该给予什么样的教育？仁者见仁，智者见智。我认为：小学习惯、初中方法、高中心态，明确从小学到高中的教育方向。

　　小学生重在习惯的培养。小学是孩子从不懂事逐步到懂事的阶段，是孩子性格基本定型阶段，是习惯养成的最佳阶段。一个孩子，如果在12岁之前没有养成良好的行为习惯，12岁之后就很难再养成。我们常挂在嘴边的一句话：习惯养成性格，性格决定命运。的确，小时候养成好的行为习惯，会让孩子受益终身。试想，一个孩子小时候就能吃苦耐劳，长大之后一定很勤劳；小时候喜欢读书，长大后也会爱读书，终身学习的愿望从小就奠定了坚实的基础；小时候体贴父母，长大后一定会有孝心。小学阶段教育对一个人的成长太重要了。可喜的是我们看到了全国很多小学素质教育的成果，也看到了一批批薄弱学校正在向素质教育迈进。更为庆幸的是，《国家教育改革和发展规划纲要》已把学前教育纳入义务教育的范畴，可见党中央、国务院对学前教育的高度重视，这一科学决策必将会促进我国小学教育质量的不断提升。

　　初中阶段应重点是方法的指导。小学生跨入初中，充满了好学的欲望，但随着学科的增多让他们有点不适应。如何搞好学习成绩，如何通过多读书、读好书来提升自身的素质感到有点茫然，因此，方法的指导很重要。学习的方法，做人的方法，解决成长中困惑的方法，需要老师和家长悉心的引领。引领得当，孩子健康成长，引导不当或不引导，孩子前途迷茫。

高中最应注重心态的培养。高中的孩子处于身体发育的旺盛阶段，也是世界观、人生观、价值观初步形成的阶段。高中孩子内心最易浮躁，所以要让高中孩子健康成长，首先应让其心灵健康，通过读好书让孩子的心灵得以净化，通过正确引领让孩子的心态得以阳光。一个孩子高雅的学习生活状态就是他健康心态的体现。

2020 年 1 月 5 日　　星期日　　晴

我们的课该怎么上

按照课改的要求，我们的课型分三种：预习课、展示课、反馈课。三种课该怎么上？下面我粗谈一点实践体会。

课堂高效遵循一条原则：预习不好的课不准上。但预习也不是教师放手不管，而是在预习课上指导学生如何预习。怎样指导？先独学、后对学、再群学：独学是对学的前提，没有学生独学的思考，就不会有对学的生成，独学必须在老师的指导下进行，明确独学目标，并制定独学的要求。独学时学生必须用双重笔，对不能解决的问题标上记号，以便在后面的对学和群学中解决。对学是组内同学（A1-A2，B1-B2，C1-C2）之间的合作学习。在对学的时候，教师应巡视，观察是否有假学、伪学的现象，对对学表现好的予以加分，表现不好的予以扣分，以此激励来提高对学的学习效率。群学是在对学的基础上的一个提升，在对学不能解决的，再在小组内同质间互相合作讨论，达到兵教兵、兵练兵、兵强兵的目的。教师则全场巡视，点拨：点在必需处，拨在学生疑惑点；通过巡视，掌握学情，在课堂大展示时能应对学生智慧的火花。

展示课能激发学生学习的热情，对知识有拓展和检测的功能。怎么展示？先要培训学生展示时的语言。动作及表情、肢态语言等都要有规范，学生不会的，教师要先示范，学生领会了就放手。展示可分为组内小展示和组间大展示，无论怎么展示，形式不能单一。如果单一，学生容易疲倦甚至厌恶，参与面必定大打折扣。那么，教师在导学案的问题设计时，合作探究应该是值得探究的、开放性的问题。形式上可以是才艺式的，或是导游式的，或是情景剧表演式的，或是男女对抗辩论式的，或是小组间对峙式的等。花样越多，学生的新鲜感就越强，高效学习率就越高。为进一步落实兵练兵，展示时可以采取积分制，给小组加分，A层加1分，B层加2分，C层加3分，这样A层的学生就会想方设法教C层的学生，让C层的展示给能小组加更多分，这样既培养了学生的合作精神，也锻炼了团队意识。组间大展示采用包围式，全体学生聚集一点。这样展示，学生就会得到全班学生的关注，充满自豪地把展示做得更精彩！教师呢？展示时脱稿讲，展示后请其他小组点评，点评恰到好处的给小组加分，有创意的点评可多加分，但也不能太多，最多1分。展示的动力来自评价，有什么样的评价就有什么样的课堂！教师应当特别重视并利用好"评价"这一武器。

　　反馈课是达到测评，巩固提高的目的。这一环节至关重要，如果忽略了这一环节，就像是农民种庄稼到了收获季节没有收成一样。反馈测评能够及时掌握学生学习的情况，给学生又一次提升的机会。反馈测评的题应有层次感。可设计加"＊"、不加"＊"的，加三角形号的，不加"＊"的C层学生必须掌握，加"＊"的B层学生必须掌握。加"三角形"的A层学生必须掌握，这样就有层次感，让不同层次的学生都能享受到成功的喜悦，厌学的只会越来越少，参与的越来越多。参与的多了，课堂怎能不活？效果怎能不佳？

预习、展示、反馈是高效课堂的三个重要流程，如何深层次的落实这三步，还需要老师们不断地在实践中探究。

2020 年 1 月 6 日　　星期一　　晴

课改，改的是一种精神

在课堂教学改革中，有的老师成长很快，有的老师还在守着传统的课堂原地踏步。个别老师还怀着一种批判的精神不肯深入下去。课改的火车开动了，后面的车厢却很沉重，这是一部分教师缺乏课改精神的体现。

课改，改的是一种精神，没有对教育的一种执着的态度和探究的精神是沉不下心来搞课改的。课改是对传统课堂的一种彻底的颠覆，首先得要有一种勇气，一种从原点起步的精神，且在起步的时候不带着情绪、不带功利、不带批判怀疑的态度。我们的方向是毋庸置疑的，就像练毛笔字或钢笔字，先要临帖，临帖一段时间很有点像了，我们才可以破贴。

临帖也要有种精神，需不折不扣的模帖，遵循课堂流程，以导学案为抓手，以小组建设为载体，以核心素养为目标，以发展学生为本质。临帖也要有深厚的理论基础作保证，脱离高效课堂理论这一隐性条件，显性的课堂就像空中楼阁，永远落不到实处。这就要求老师要有读书学习的习惯。教育思想是教育行为的先导，没有思想上的"导"就会有行为上的乱，这种思想来源于刻苦学习的精神，来源于教育智慧的积累。

破帖是一种生成，是一种胆略，我们不急于破帖，但时刻应有破茧而出的准备，这孕育的过程虽艰难，却是一种历练。一个习武之人，要达到无招胜有招的境界，必先有对基本拳路的烂熟。我们必须先按照高效课堂的要求刻苦修炼，达到一定境界后自然会有自己个性的高效课堂。

课改，改的是一种精神！

2020年1月7日　　星期二　　阴天

课改，我们需要什么

走内涵发展之路、以课堂为突破口、打造高效课堂，是我们的追求。传统课堂已是百病缠身，不堪时代重负，必须进行彻底的课堂革命，教育才有希望。课改，我们需要什么？

课改，需要一种新思想、新理念。科学的教育行为必须要有先进的教育思想作指引，思想有多远，我们的教育才能走多远。教育工作者，首先要做一个有新思想、新理念的人。观念的变革务必要求老师不能抱残守缺，要敢于接受新思想、新事物，亲近大师，走进大贤，不断吸取大家的气息，在自己身上不断培养教育家的气质，增加教育家的细胞。教育，不再是传授本领，而在于激励和唤醒，不再是以师为本，而是以生为本、以学为本。我们的教师，从前台退到了后台，从刀兵相接的前线退到了指挥部。课堂应是知识的超市、生命的狂欢，不再是教师独演独奏的阵地，也不是教师与几个优等生的高端对话，而是全员参与的舞台。

课改，需要一种执着的精神。执着、来源于对教育的深厚情结，一个人如果对自己所干的工作没有感情，没有爱，工作必定华而不实；一个人如果对自己工作能以事业的责任心来干，就没有干不好的工作。没有爱就没有教育，没有责任就办不好教育，教师的职业底线就是爱和责任，爱有多深，责任心有多强，决定其执着的程度。忘我的境界是最高的,魏书生、李镇西、崔其升等,这些名家天生不是教育家,他们的成名,来源于对教育的执着和忘我的精神,如果我们从现在起,钟情教育,几十年如一日地持之以恒,我们也会成为教育家的,即使成不了教育家,也会从中享受到很多人享受不到的职业幸福!这种幸福是崇高的,是金钱买不到的。

课改,需要一种务实的态度。我们在践行改革的过程中,注定会遇到很多困惑,这是很正常的,也是可喜的。出现困惑说明我们在行动,在思考;解决这些困惑就为我们课改的发展带来了机遇,但遇到问题我们不能视而不见,而要深入地去研究、去探讨,宏观的问题必须要回到微观上来解决,我们从解决一个一个的小问题入手,慢慢地,小问题越来越少了,我们的课改就成功了。这一切,取决于老师在课改中务实的态度,没有务实的精神,是解决不了实际问题的。没有现成的课堂我们可以拿来就用,没有实践和务实的态度,教育家设计的课件拿来上,我们也不会精彩。

课改,需要一种敢临敢破的勇气。昌乐二中是中国课改的先行者,我们是在学他,但有些老师怀着批判的态度学是不理智的,我们好不容易找到这块好帖,难道还值得怀疑吗?怀疑是一种退缩,不肯上进的表现。如果说昌乐二中都不是好帖,我们还上哪去找课改的好帖?不是说找不到,而是会费很多时日,势必会延误发展的机会。我们不仅要临它,而且要临得很像之后再破帖,逐步形成自己的课改风格。哪一位书法家没有一个临帖的过程?哪一位武术大师不是在熟练掌握基本拳路基础上升华,达到无刀胜有刀的境界的?我们要临昌乐,忠实地临,我们也要有敢破的准备、迟疑的临。没有破,只会成"四不像",是忠实的奴隶。"临"是一种勇气,"破"是一种胆识。

课改，需要一种勤读善写的品质。干教育事业不读教育名著是很可怕的，一个人不读书不吸取新的思想就永远落后于别人。在改革创新的时代，不读书、不反思的教师充当的就是故步自封的老臣，肉铺店里的苍蝇。"大家"没有不读书的，我们不仅要读，还要勤读多写，写读书笔记。一个人的高度决定于其读书的厚度，如果我们把读书当成生活和生命的必须，我们就是很有品位的人了。写作是一个人思想的最好沉淀、是一种智慧的积累，可以肯定，我们的老师教十年书，成不了一个专家，但写五年反思能写出一个名家来，如果我们都能勤读善写了，批量教育家的诞生必将接踵而来！

课改，你准备好了吗？

2020年1月8日　　星期三　　晴

个人反思

面对自己工作和思想上的不足，我深感自身的担子很重，责任很大。在以后的工作中，主要从以下几个方面改进：

一、树立终身学习的愿望，加强理论修炼，以先进教育理念来指导工作，时代在发展，社会在进步，没有前端性的理论指导就永远落后于别人，在以后的工作中，我将每天读《中国教育报》《中国教师报》《人民教育》等教育报纸杂志，认真研读职业教育的有关文件，找准学校的发展方向及通往目标的路径。

二、打造一支高素质的教师队伍，努力营造教师成长的环境。促进教师的专业成长，振兴民族的希望在教育，振兴教育的希望在教师，学校的发展决定教师团队的精神，团结务实、开拓创新的团队必带来单位的欣欣向荣，我将集群智，集群力，为促进学校跨越式的发展争取最大的合力。

三、果断放权，复制自己。果断放权是对中层干部的尊重和重视，中层干部想干点事，果断授权就是对他们的重视，当一个人感受到被尊重和重视的时候，他就会迸发出更多的工作热情和创意。果断授权，就是复制自己，学校的事多而杂，不是校长一个人能完成得了的，培养造就一批想干事、能干事的人就是复制自己。

四、言必行，行必果。制订自身发展计划，并严格按计划执行。"路虽远，行则将至，事虽难，做则必成。"在行动的过程中，也许很痛苦，甚至没有好的结果，但做了就是进步，很多事情并不一定要有最终结果，只要有进步，有成长就是快乐。

五、引导教师专业成长，对落后分子进行思想教育，制订激励机制，定期进行培训，不断提高教师素质。

2020 年 1 月 9 日　　　星期四　　雨

由老师布置作业想到的……

"爸爸！你来辅导我写作文吧！"儿子很无奈地向我求助，看样子他思考了很久，确实是写不出来才叫我的，我放下手里的书，凑到儿子身边坐下："什么作文这么难写呀！"

"老师又要我们写一篇观察日记，写种绿豆！"

"这篇日记你不是上个星期写了吗？怎么又要写？是不是上个星期未写好、这星期要重写呢？"我清楚地记得，上周的这篇作文是我辅导孩子写的。

"老师说我上次的写得很好，还把我的作文在全班念读呢！"孩子露出自豪的喜色。

"噢，真不错!"我把大拇指向孩子一伸。

"可是，老师要我再写，我心里想的还是跟这篇一模一样。"孩子很无奈地说。

"你可以换一个角度写啊！你上次写的是观察绿豆的成长过程，这次你可以写绿豆成长的感想呀！"我边说边带着鼓励的眼神望着儿子。

儿子还是不解，一脸疑惑沉思的样子！

我继续启示说："如绿豆生长需要阳光雨露，需要营养、水分等才能茁壮成长，而你呢？也在成长呀！你是不是也需要父母的培养，老师的教导呢……"

孩子似乎略有所悟，微微点了一下头，忽然又摇头说："爸，我觉得这样写还是不行，老师说了要写观察日记。"

我很无奈："你的观察日记已经写得很好了，今天就写感想日记吧！"孩子还是不肯相信我，也许我不是他的老师吧！

"孩子，你爸是校长，校长是老师的老师，你是听校长的还是听老师的？"为了让孩子回到我的写作思路上来，我不得不自吹自擂了。

孩子无言，好一阵子才说："你又不是我的校长！"

我哑口无言。

我不得不反思语文老师布置家庭作业的方法了，孩子在上次作文写得好，还作为全班示范领学，为什么这周还是写绿豆观察日记呢？老师为什么不灵活一些，布置学生回家写一写种绿豆的感想，或画一幅绿豆芽的画，或在网上找一找有关绿豆的资料，或了解绿豆种子的构造、种子的力量等，这些都可以布置，让学生结合自己的实际选择一种作业就行了，若真能这样，在周一学生作业成果展上，一定是精彩纷呈，智慧碰撞。

从一次作业布置则可窥见老师的教学理念和方法。

2020 年 1 月 10 日　　星期五　　晴

教育要真改革

我常常思考：社会需要什么样的人？社会需要体格健全、身体健康、心态阳光、性格开朗、习惯优良、勤奋好学、理想远大、品德高尚、有责任心、有爱心的人；需要知能并重、有合作意识和创新精神的人，而不是高分低能、性格忧郁的书呆子。

传统的课堂怎样培养人？教师带着知识走向学生，而不是带着学生走向知识，教师霸占课堂满堂灌，无视学生的发展和智慧的生成。填鸭式的教育让学生的个性被埋没，灵魂被压抑，思想被禁锢，课堂成了文明的监狱。钱学森的世纪之问，实质也是在拷问传统的课堂教学。

教育是该真的改革了。只有创新性的改革才有发展进步！课堂是教育书育人的主阵地，任何改革如果不触及课堂都是蜻蜓点水而不彻底的！

2020 年 1 月 11 日　　星期六　　阴

读书是最好的教育

多年来，如果我感觉自己还有点进步的话，那进步的主要原因是自己喜爱读书，在好书中摄取大量的营养，经过大脑的思维加工，然后写日记，在写作中思想得以升华，感觉书籍这精神食粮足以让我兴奋不已。

"读一本好书，就好像在跟一个高尚的人谈话。"我对这句格言有切身的体会，为了让老师和学生都能享受到读书的快乐，学校向全校师生发出了读好书的倡议，倡议教师每年读书 5 本以上，中层干部每年读书 8 本以上，校长每年读书 12 本以上，这个目标也许很难实现，但我相信一定有人会实现！

各班建立了读书角，书可以是学生捐献，也可以捐资购买，要求各班图书每人不少于 3 册，各班每学期举行一次读书论坛，以班或以年级为单位举行西学会、红学会、三国学会等。其目的就是督促学生多读书，读好书，让好书陶冶学生的情操。

让读书成为学校亮丽的风景，让读书帮助教育布道，让读书净化师生的美好心灵。

读书是最好的教育。

2020 年 1 月 12 日　　星期日　　阴

培训是最好的管理

记得龙志凡局长曾多次在开会时指导我们，学校要多开教师思想教育会，少开工作安排布置会。其实质就是要多对教师进行思想提升培训，凭我多年当校长的经验，感觉培训确实是最好的管理。

培训能够向老师传播先进的教育教学理念。教育的发展必须要有先进的理念作指导。理念何来？首先要亲近教育大师，以大师的智慧来指导我们的实践，在实践中我们又总结、提炼、升华，在此基础上形成自己的教育思想、教育智慧。历代先贤对教育有着深刻的阐述，遗留下来的都是经典，如"温故而知新""教之道，贵以专""教学相长""因材施材"等。如果我们对先贤的教育思想缺乏学习和领悟，在现实的教育中就不会有丰富的生成。培训能让老师静下心来，亲近大师，净化心灵。

培训能让教师互相学习，取长补短。培训的方式并不是单一的，可举行教师心得体会交流，可举行教师读书论坛，也可以是讨论式的，由一方提出问题，另一方回答，最后综合评论，智慧汇总，这种开放式的培训会对教师有铭记终生的收获，让教师吃最好最甜的精神食粮。

我深深体会到，校长给予老师的并不是多少奖金和福利，而是引导教师走专业发展之路，让老师享受到师道的尊严和幸福。

高明的领导总是特别重视培训，通过培训来打造一支高素质的团队，团队的素质高了，凝聚力强了，单位的兴旺发达指日可待。

2020 年 2 月 9 日　　星期日　　晴

居家感想

新冠肺炎防控非常时期，同志们都隔离在家里看报、读书、看电视，似乎从来没有享受过如此宅男宅女的悠闲生活，大家除了关注疫情，内心还是较轻松自由的，在家的温馨也不乏有之。

可是，我们在家悠闲的时候，是谁在外面值守、在阻击病毒、在保护我们的生命安全？此时此刻，有多少医务工作者奋斗在一线，甚至献出宝贵的生命，又有多少党员干部冲锋在一线，封路、排查、隔离！没有他们的努力，我们在家能安心吗？

不要埋怨在家的郁闷，在一线奋斗的同志是多么的可敬！不要抱怨疫情的肆虐，一切都是人类自己的问题！不要身在福中不知福，没有祖国的强大，没有共产党的坚强领导，不知你是多么糟糕地生活。我们没有理由不努力工作，我们没有理由不爱国！

2020 年 2 月 20 日　　星期四　　晴

疫情后的几大变化

疫情后，网络会更加发达，社会信息化程度将大大增强；全民健身的热度增强，人们对疫情的敏锐力、反应力和防患意识将大大加强；锻炼身体、保养身体、增加免疫力成为时代健康主题；公共卫生会成为生活的自觉；野生动物将得到彻底的保护，只有人与自然和谐相处，人类才会安全的生存。

科学技术就是生产力，实体经济将大力扶持，实体经济是国家的命脉；一线医务工作人员将得到社会的广泛尊重；人民子弟兵更加受到人民的拥戴；中华民族的凝聚力空前增强，爱国热情高涨；只有国家强大，人民才会幸福安康。

教育一定会"五育并举"，培养德、智、体、美、劳全面发展的人。

2020 年 2 月 21 日　　星期五　　晴

教师居家"三多三少"

这次疫情，扰乱了人们的生活秩序，居家不外出是最好的防护，对他人对自己都是有益的。人生当中，真正有这么长时间居家不外出的机会又有多少？如何珍惜这宝贵的时间？我认为老师要做到三多三少：

多读一些有益的书籍，少玩点游戏。读书是对自己最好的提升，平时工作忙，要真正纯拿一天时间来读书，可能还真拿不出来。疫情让我们有时间静下心来读书，静下心来学习。

多思考一些教育教学的问题，少一点教书匠的清高。教无止境，学无止境，只有当你觉得教育还有很多问题需要我们去面对，去解决的时候，你才会觉得自己是多么的不作为，教育等待我们去研究的课题实在是太多了，需要我们去关心关爱的孩子也太多了。

多一些高雅的爱好，少一份岁月的蹉跎。观察了解一个人，只要看他八小时之外在干什么，就知道了。如果这个人有高雅的爱好，他的人品应该也不错。人民教师应有一些高雅的爱好去赢得学生的青睐，居家不正是培养高雅兴趣爱好的最佳时间吗？

2020 年 2 月 22 日　　星期六　　晴

从小要树立孩子正确的婚姻观

闲暇之余，和一个朋友聊起"婚姻"二字，朋友是一个家庭不够幸福的女性，在崇阳做生意十多年，岁月的沧桑已使她容颜不再年轻，生活的磨炼已使她显得格外成熟。根据她的情况，我总结了婚姻的三种状况：

一种是彼此默契幸福型的。这种夫妻感情很好，两情相悦，生活中即使有点小矛盾、小纠纷，顷刻之间便可化解。在生活中大多是成双成对，不是因为离不开，而是一种无形的磁力在吸引着两个人患难与共，快乐共享！

一种是责任型的。夫妻俩感情并不是很好，都是在为一种家庭的责任而生活，因为两个人走到了一起而产生了上有老、下有小、中有家的责任感，即使夫妻再吵再闹，但有一种家的责任良知把两个人捆绑在一起。

一种是维持型的。两个人的关系处在风雨飘摇之中，随时都有翻船的危险。两个人要么是性格太不合，要么是综合素养相差太远，两个人总是走不到一起来，只要责任意识一淡泊，夫妻就拜拜了！

作为父母和老师，我都希望孩子未来的婚姻很幸福，如何做到呢？我认为从小要树立孩子正确的婚姻观，婚姻就是把两个情投意合、有爱心、有责任心、有包容心的异性人组合成一个家庭，生儿育女，共同担负起家庭和社会的责任。婚姻不是儿戏，婚姻不是简单的组合，是爱和情的结晶！我想，如果孩子从小就有这种正确的婚姻意识，有这种对美好家庭的向往，他（她）长大一定不会随随便便对待自己的结婚，结了婚也会懂得如何去经营家庭。

2020 年 3 月 6 日　　星期五　　阴

学生评教问题设计

有什么样的评价就有什么样的教育，评价的目的是促进被评价者的进步。学生评教是促进教师成长的一种重要途径，我设立 10 个评价指标，让学生全员评价教师，并作为考核教师的重要依据：

1. 我很喜欢××老师的课堂，在他的课堂上学习，我很轻松、快乐、效率高。
2. 我觉得老师风趣幽默，平易近人。
3. 我觉得老师热爱学习，知识渊博。
4. 我从老师那里学到了很多分析问题的方法。
5. 老师能发现我的优点，又不放过我的问题。
6. 老师的人格魅力影响了我。
7. 老师经常找我谈心，业余能给我无偿的辅导作业，让我充满了学习、生活的自信。

8. 老师能用普通话教学，在教室不玩手机，仪表端庄。

9. 为提高我的学习成绩，老师从不打压我，而是耐心点拨，激发我的学习兴趣。

10. 老师能给我充足的正能量。

2020 年 3 月 9 日　　　星期一　　阴

选男朋友的标准

昨天是"三八"节，在这个抗疫的特殊时期，人们最表达深情厚谊的还是奋斗在一线的女神们。在这其中，最火的一句话就是湖南支援武汉的抗疫姑娘说的一句话："疫情结束后，希望国家分配给我一个男朋友。"这个姑娘太可爱了，像这样有爱心，有责任心，又阳光自信的女孩是很令男孩追求的。但什么样的男孩才配得上她呢？什么样的男孩受女神欢迎呢？我认为优秀的男人应有如下特点：

爱财有道、声色有品、博学有识、读书有瘾、喝酒有量、玩笑有度；热爱生活、不虚度光阴、无不良爱好、有责任意识、有担当精神；没事不会惹事、有事不会怕事；胸怀宽广，对外顶天立地，对内则是没有脾气的。

2020 年 3 月 22 日　　　星期日　　雨

想赚钱，先要让自己值钱

在一次与 18 岁的儿子交谈中，我无意地问儿子："你的人生追求是什么？"

儿子说了六个字:"家庭幸福、赚钱!"

哦!儿子的回答让我吃了一惊,尤其让我震惊的是他对赚钱这么感兴趣。

我语气坚定地说:"儿子不错呀,有志气!"

"家庭幸福是一个人成功的根基,一个家庭不圆满、不幸福的人想成就一番大事业是很困难的,你爸爸妈妈工作很安心,一个重要原因是我们这个家和谐、充满幸福感!"

"要想赚钱,先要让自己值钱,如果你品德高尚,思维开阔、积极上进,热爱生活,事业心强,有责任心、有爱心,你就值钱,你将来也一定会拥有很多的财富。《大学》有这样一句话:'货悖而入者,必悖而出。'意思是说用不正当手段获得不义之财,这财一定会以不正当的手法花出去,你不该得到的就别痴心妄想。一个人不值这么多钱,又怎能留得住这么多的财富呢?这样的例子在我们身边也不少,如打牌赌博者,寅时赢得几万,卯时就输得精光;投机倒把者,即使进了点不义之财,不久也会吃官司,所以一个人素质过硬,让自己值钱才是关键所在!"

"今天老爸要求你发奋读书,认真完成学业,养成良好的行为习惯,就是要让你值钱,只有你综合素养高了,在某些方面变得别人不可替代,你就值钱了,你将来才会拥有更多的财富,你也一定会幸福。更能体现自身的社会价值!"

2020 年 7 月 1 日　　　星期三　　阴

创无疫校园　保一方平安

庚子年春,一场新冠肺炎疫情袭来,给我们每个人都带来了严峻的考验。在这场没有硝烟的战斗中,崇阳职业技术学校闻

"疫"而动，主动应对，科学部署，扎实工作，细致防控，着力创建无疫校园，确保平安复学，坚决打赢疫情防控的人民战争。

疫情就是命令，防控就是责任。1月27日（正月初三）上午8时，学校向全体行管人员传达了县委、县政府、县教育局关于疫情防控的重要指示精神，制定了《崇阳职校防控新型冠状病毒感染的肺炎疫情工作方案》，成立了防控工作专班。

疫情无情，人间有爱。学校全体党员干部把抗击疫情作为践行初心使命的主战场。党员与青年教师志愿者弘扬"奉献、友爱、互助、进步"的志愿精神，在桃溪社区、桥头村、在职校园值班值守。值守领导带领志愿者到孤儿石紫轩家进行慰问，为她送去大米、蔬菜和慰问金，鼓励她以良好的心态度过难关。

为了确保校园无疫情发生，学校强化措施，建立了体温监测和健康监测制度。在抓实抓细抓牢师生日报的同时，加强教职工集体宿舍管理和工作场所管理，全程监管（包括老师家属）在校人员的动向。严禁一切车辆从校门口进出；严禁外来人员进校园；严禁宠物、野狗等动物在校园里溜达。坚持日报制。学校分部门定人负责，认真做好对全校3000多名学生和165名教师的监测和日报工作。利用校园网络和班级微信群，有序有力地开展"停课不停学"活动。在疫情防控期间，组织学生在家进行线上教学。特别是在网上进行防控工作宣传，告诫学生及家长戴口罩，勤洗手，勤消毒，不串门，不聚会，提高了学生及家长主动防控的意识。

在抗击疫情工作中，我校全体党员干部亮身份、践初心、比作为，始终冲锋在前，下沉一线；服务群众，服务师生，把一面面党旗树立在群众最需要的地方。

在常态化疫情防控、全面推动复工复产、复课复学的新形势下，我们将同舟共济，继续前行，共同助力崇阳疫后重振。

2020年7月2日　　星期四　　晴

招生简章校长寄语

欢迎你来就读崇阳职业技术学校！

当你踏进职校的大门，就注定你开启了不一样的人生！你并不比别人差，你不再因所谓的"学习成绩差"而接受别人异样的目光；你并不比别人笨，你有着常人所没有的高情商；你并不比别人无能，你的内心在燃烧着激情，一旦迸发，注定你的人生别样精彩。

这里是你成就梦想的摇篮。我校是名副其实的国家示范、省级名校。这里，培育出了一拨又一拨的企业骨干，造就出了一个又一个的行业精英，成就了一批又一批学子的大学梦想。

这里是你成长的乐园。我们没有过重的学业负担，有的是寓教于乐的理实一体课堂；我们没有繁多的课堂作业，有的是动手实践操作训练；我们没有高声的说教，有的是润物无声的文化熏陶！

这里是你成才的熔炉。学校开设德育大课堂、技能大课堂、社团大课堂、军事大课堂，让每一个学生得到全方位的发展。不放弃每一个学生，让每一个孩子都有出彩的人生是我们的办学愿景。

这里是你学技能的天堂。学校坚持"劳动光荣、技能宝贵、创造伟大"的办学信念，是咸宁市首个"1+X"技能证书试点学校。要学技能，请来就读崇阳职业技术学校！

"海阔凭鱼跃，天高任鸟飞。"我衷心希望你能来到崇阳职业技术学校这块热土，学好专业知识，练好过硬技能，练就高尚情操，成为一个高素质的技能型人才，去放飞属于自己绚丽的人生梦想！

2020年7月4日　　星期六　　晴

落实"三本"机制，服务区域发展

　　崇阳职业技术学校是崇阳县唯一的一所公办中职学校。2007年由县政府整合以来，学校走过了极其艰难的创业历程，2014年被三部委确定为"第二批国家示范中职学校"。学校目前已开设汽车、机械、电子等13个专业，在校生3514人，专任教师168人。办学13年来，学校坚持"以服务为宗旨，以就业为导向"，遵循职业教育的特点，落实"三本"机制，致力为地方经济建设服务。

　　一、稳定学生资源。尽管国家十分重视职业教育，但家长仍普遍希望自己的孩子上普通高中。特别是2010年后生源萎缩，招生工作更加困难。为了保证办学规模，稳定生源，无论是高职还是中职，校校之间展开了一场你死我活的生源大战。我们可用"四千万"来概括：历尽千辛万苦，踏遍千山万水，走进千家万户，道尽千言万语。招生，让我们愁肠寸断；招生，让我们尊严不存。我们年年备战，终于稳定了学校办学规模。看到正在崛起的崇阳职校，我们的内心无比欣慰！如今的崇阳职校，已走过了缺生源的困境，从以前的找学生读书变成现在的优质招生。2019年，我校新招1480人，2020年，我校将划线招生，择优录取。

　　二、坚持本地培养。职业教育的发展应聚焦研究，抱团发展。以咸宁职院为首的咸宁职业教育集团的成立，顺应了时代的需求，成为引领全市职业教育发展的领头雁，应不断完善，不断加强建立中高职教育体系。我校认真贯彻落实省教育厅的有关文件精神，会计、学前教育2个专业与咸宁职业技术学院进行"3+2专业共建"，时间已长达6年，双方在课程设置、教师培养、学生管理、招生就业等方面取得了初步的成效。"3+2"模式提升了我校的办学水平，也保证了咸宁职院的招生生源，咸宁子弟不出市，在自家门口上大学，就业安心又放心！我们期待和职院进一步的深度合作，贯通中高职人才培养通道，搭建更好的平台，为更多的学生提供人生出彩的机会。

三、立足地方就业。随着我校办学品位的提升，近几年有两个现象：第一个现象是每到高考结束后，市外省外高职院校频频来我校宣传招生；第二个现象是每到寒暑假和高三的下学期，总有不少沿海的人力资源公司踏进校门。面对各种诱惑，我们选择了拒绝。我们坚守职业教育的办学宗旨，鼓励毕业学生在本地的企业就业。为此我们做了三方面的努力：一是结合县域经济、区域经济的特点，立足本地资源，适时调整相关专业，如市场营销、汽车运用与维修、平面广告设计、茶艺等专业；二是大力宣传本地就业的好处；三是搞好就业服务，学生就业稳定率和满意度明显提高。

我校在落实"三本"工作中仅仅是良好的开端，作为鄂南职业教育集团的成员单位，将继续践行市政府和集团提出的"本地生源、本地培养、本地就业"的"三本"机制，不断探索，争取出经验成果，为我市经济社会高质量发展尽到咸宁职教人的使命担当。

2020 年 12 月 18 日　　星期五　　晴

奋进中的 2020 年

"年年岁岁花相似，岁岁年年人不同。"2020 年，注定是不平凡的一年。在各级领导的关心支持下，在全体老师的共同努力下，我校发奋图强，内外兼修，常规与创新同步推进，各项工作得到了全面提升，总结起来，概括为"十六有"。

一、办学理念有提升。学校坚持社会主义办学方向，紧扣时代脉搏，落实立德树人根本任务，确立"理实一体，德技双馨"的办学理念，遵循"以生源为根基，以师生为本位，以德育为首位，以安全为保障，以规范为抓手，以质量为命脉，以特色为重点，以文化为先导，以创新为动力，以发展为根本，以就业为导向，以服务为宗旨"的办学原则，树立"劳动光荣，技能宝贵，创造伟大"的办学信念，奉行"崇德、尚技、多元、创新"的校训，形成"严谨、务实、积极、包容"的校风，"爱岗敬业、因材施教"的教风和"勤奋自主、精益求精"的学风，促进职业教育服务区域经济发展，让人民满意，让每一个学生都有出彩的人生。

二、党建工作有引领。2020年中，我校党总支努力加强党组织建设，充分发挥党组织的战斗堡垒作用和党员的先锋模范作用，始终围绕学校中心任务，高标准、严要求，精心打造以党的建设促进和带动学校发展的和谐环境，党建引领、匠心筑梦，建好"四红教育"阵地，打造红色校园；开展星级竞赛，评比红旗教师；坚持德育领先，培育红星学生；开展技能培训，培训红色技工，促进了学校发展，办学品位稳步提升。学校党总支2020年被县委教育工委授予党建工作先进单位。

三、德育模式有突破。多年来，我校始终按照上级有关部门的要求结合教育的最新发展动态，坚持把德育当成一个系统工程来抓，集全体教育工作者之智慧，脚踏实地，大胆创新，在校内以课堂为主渠道形成教育、引导、管理模式，在校内外搭建社会、家庭、学校一体化德育网络，开创了我校德育工作的新局面。在落实德育常规工作外，我校搭建学生自治成长平台，突出学生自我管理。成立学生会、团委会和纠察连，参与并协助学校德育常规教育的管理，让学生学会自我管理、自我约束、自我养成。为密切家校合作，学校成立家委会，促进家校共育合力，切实践行"成就一个孩子，幸福一个家庭，奉献整个社会"的教育宗旨，实现共担、共育、共享。为构建和谐文明校园，我校推出"十星学生"评选活动，注重弘扬先进，树立典型，并积极开展各类丰富多彩的文体活动，展示了学生的青春风采和蓬勃朝气。

四、文明风采有样式。学校面向全体学生持续开展"文明风采"活动，坚持活动育人、实践育人、以文化人，将"文明风采"活动纳入学校整体德育工作中，及时贯彻落实国家关于中职德育工作的新精神、新要求，推进活动常态化、规范化。2020年组织开展了每年一届的文明风采系列活动——第十三届校园十大歌手大赛，大赛分初赛、复赛、半决赛、总决赛四个阶段进行。在12月底，组织崇阳职校2021年庆元旦暨首届"十星学生"颁奖晚会。

五、安全教育有底气。没有规矩，无以成方圆。学校把适应社会发展要求，提高学生的综合素质作为指导思想，根据这一指导思想，政教处围绕学校中心工作，结合专业特点，着眼于学校安全管理制度的建设、落实和实施，做到政教工作有章可循、有规可依。政教处不断建立完善学校各项安全规章制度，建立健全定期检查与日常防范相结合的管理制度，制定了《崇阳职业技术学校学生手册》，细化《崇阳职校班级工作评估细则》。在日常教育活动中，积极开展多种形式的安全健康宣教，并根据疫情安全工作形势的发展，不断加强校园疫情防控，有效提高了学生的安全意识和自我防护能力。

六、教学改革有创新。教学改革是提升教育质量和人才培养质量的重要途径。我校构建"五步三化"教学模式，即以学生为主体，以教师为主导，以问题为主线，以创新为主旨，以小组建设为载体，以导学案为抓手，以评价为效能的教学模式。五步，即遵循高效课堂的基本流程：示标，预习，展示，反馈，反思。

文化课：明确目标→预习自学→展示探究→反馈检测→反思总结。

专业课：明确目标→教师示范→学生展示→合作探究→总结反思。

三化：即信息化、趣味化、探究化。

教师围绕教学目标、结合学情进行整合，并能熟练运用信息化设施设备，做到传统黑板、现代智慧白板、手机终端有机融合。

课堂必须要有高雅的趣味性，才能增强知识的吸引力，培养孩子的专注力，提高课堂的高效益。通过合作探究，对知识点的设疑、质疑、探疑、解疑，来激发学生创新精神和自主学习能动性。

七、校企合作有成效。积极探索与企业合作办学的方式和方法，先后与多家本土知名企业开展合作。学前教育专业，我校与崇阳县第二实验小学幼儿园、莱茵幼儿园等签订了合作协议；平面设计专业，与武汉红雨翎教育科技有限公司、崇阳菲林摄影、湖北梓泽陶瓷有限公司等企业签订协议，安排学生进行实训实习和就业；机械加工技术专业与崇阳当地有机械操作岗位的企业进行校企合作，例如兴民钢圈、崇高科工、文昌印务等企业；酒店服务与管理专业与崇阳烹饪酒店行业协会进行合作，并建立实训实习基地，学校与企业互派老师、专家深入一线学习交流；汽车运用与维修专业和进行产教融合深度合作，共同建立了规模较大的汽车产教基地，实行运营、实践、教学一体化，学生定期进入该公司进行实习实训，保证学生高质量就业。学校充分利用合作办学企业的设备、场所和人才优势，在专业建设、培养计划、课程设置、师资建设、教学改革、课题研发、实习实训、订单培养等多方面全面开展校企合作，形成了人才共育、过程共管、成果共享、责任共担的紧密型合作办学体制机制，实现了"产教交融"的目标，使我校的教学进程始终与校外企业发展同步。

八、短期培训有质量。学校积极争取相关部门的支持，强化职业技术培训工作的领导与管理。一方面根据职业技能培训工作的相关文件精神，主动作为；另一方面利用职业教育宣传周，发动全校教职员工向学生家长做好惠民政策宣传，为确保顺利开展各项职业技能培训工作提供了强有力的保证。

今年的培训在借鉴以往经验的基础上，突出了实用性、服务型、多样性。一是积极面向市场，坚持以就业为导向，更新观念，为本地企业培养所需要的技能型人才。我校与崇阳烹饪行业协会、工业园相关企业都建立了良好的合作关系，一年来我们为这些企业共培训技术人才300余人；二是我们开展的相关职业技能培训工作，使贫困劳动力提高了综合素质，掌握了实用的职业技能。为确保社会稳定、促进县域经济发展起到了良好的作用；三是教学方式灵活多样，我们通过学生宣传，组织城区附近的家长到校参加培训，并提供免费的午餐。家长在校学技能的同时还能及时了解孩子在校情况，因此都乐意来校。与村党支部取得联系，把班开到村里，让所有愿意参加培训的农民都能享受到培训，为家境贫困、身体残疾、失业失学的城乡青年提供就业援助服务。

截至12月上旬，我校共培训"两后生"1514人，举办惠民培训共三期，历经一个半月，共计培训家政服务员120人，同时还培训了家庭美食烹饪140人、插花40人、网络创业70人，为调动我县农村劳动力向非农产业转移，促进农民增收，推动城乡经济一体化进程起到了积极的作用。

九、后勤服务有保障。在开学之初，组织全体员工进行了上岗前培训，反复学习教育部、卫健委《学校食堂与学生集体团餐卫生管理规定》和《湖北省中小学校校园食品用品安全管理办法》以及省市县关于开展"四创"活动的相关文件和实施细则，提高思想认识，明确工作目标要求。

在九月份新生入学教育活动中，利用广播会就文明就餐、光盘行动等方面进行了广泛的宣传教育，成立膳食管理委员会，由学校领导、师生代表、家长代表共同组建，广泛宣传食堂卫生与安全的重要性，宣传学生食堂服务的根本宗旨，经常听取师生及家长对于食堂工作和学生伙食服务的建议和要求，不断改进服务态度，提高服务质量，确保安全卫生，使广大师生及家长真正放心。创建"放心食堂"，形成食品卫生与安全的组织保障体系，建立和落实食堂管理的各项规章制度，齐抓共管，达成了学生满意、家长满意、教职工满意、社会满意的局面。

十、招生工作有门槛。2020年，学校健全领导机构，成立了县教育局领导亲自挂帅、校长任组长，分管招生副校长和生源学校校长任副组长的中职招生工作领导小组，适时召开中职招生工作会议，专题研究部署中职招生工作，及时研究解决中职招生工作中存在的困难和问题。

同时加大宣传力度，切实做好招生服务工作。通过招生简章、宣传视频、会议、职业教育宣传周等多种活动形式，广泛深入地宣传职业教育的重要意义和发展前景，引导家长转变思想观念，积极送子女接受职业教育，同时帮助就读学生及家长了解学校及专业设置情况，指导学生填报专业，及时为新生办理入学手续，进一步提高了招生服务质量，取得了良好的效果。2020年，正式录取1569人，实际注册1553人，创历年来中职招生之最。

十一、办学条件有改善。学校牢固树立服务意识，不断改善办学条件。为应对今秋招生高峰，学校暑假组织专班，扩容增量，挤出 67 间教室，间间安装了智慧黑板，网络光纤进教室，实现了"班班通"。420 余间寝室粉刷一新，书桌、书柜、行李架、电扇空调应有尽有，每室居住 6-8 人，卫生间数量符合规定，满足需求。我校还拥有 7 个校内实习实训基地，64 个校内实验、实训室，3200 个实训工位，49 个校外实训基地，其中机械加工技术、电子电工、学前教育、汽车运用与维修为省级重点实训基地，汽车"1+X 证书制度试点"考试基地基本建成。今秋的智慧校园建设，完善了教师考勤签到，简化了办事流程，节约了公共资源。为推进"厕所革命"，对全校厕所进行疏通、排污、消毒，对下水道进行清理，补充不锈钢地漏盖板，结束了厕所一堵就水漫走廊臭气难闻的历史。

为推进职业教育提质培优行动计划，学校争取政府债券 2000 万元新建综合实训大楼，建筑面积约 1.2 万平方米，预计 2021 年 5 月可以竣工，占地面积约 2000 平方米；总投资约 382 万的风雨操场正在招标中，预计 2021 年元月可以开工。为确保电力供给，在原来 2 台变压器计 800KW 基础上，计划再增加两台变压器，计 1600KW，合计 2400KW。

十二、专业建设有特色。学校成立由领导、教研室、学科带头人、专业骨干教师，行业专家及企业管理人员、一线技师、高校专家组成的专业建设指导委员会，制定了《崇阳职校专业指导委员会工作章程》，指导学校各专业建设和发展。各专业以全面提高学生素质，满足企业岗位能力要求为目标，契合技能大赛和技能高考要求，改革人才培养模式，形成"一专一特"，打造专业品牌。

汽车运用与维修专业采用"校企合作，产教融合"的人才培养模式，共建 2000 平方米大型产教基地，供学生实训实习和岗前培训，为省市技能大赛提供人力技术和设备资源，同时建有 2 个理实一体化实训室，新建 8 个"1+X 技能等级证书"培训考核区。机械加工技术专业建成普车、普铣、数控车、数控铣、钳工实训室各 1 个，3 个理实一体化实训室，机械加工中心 1 个，模具设计与制造技术车间 2 个，并与本地周边企业合作，组织进行生产性实训教学。平面设计专业建成了 1 个精品广告设计室，与本县 8 家广告设计公司进行业务交流和合作，接洽校内外的各种宣传广告制作业务。学前教育专业建成校内实验幼儿园，教学、实训、实习在校内可以进行无缝接轨。学校所有核心课程学生在"做中学"，教师在"做中教"，有效促进了学生职业技能提升。

十三、书证融通有起色。建立 1+X 人才培养方案，学校已成功申报了汽车运用与维修、数控车铣加工、幼儿照护、界面设计等职业技能等级培训，为学生能就业、就好业提供了技术支撑。学校被确认为国家首批汽车领域 1+X 证书制度试点院校。为抓好 1+X 证书制度、技能高考、技能大赛三线并行工作，学校高度重视，认真组织指导开展工作，大力投入资金，确保硬件建设达标；认真组织培训，落实工作进程和培训任务。

十四、地方文化有传承。崇阳是文化艺术之乡，崇阳提琴戏已有 100 年历史，2008 年被中宣部、财政部、文化和旅游部和国家文物局评为第二批国家级非物质文化遗产。为了传承和发展崇阳地方优秀文化——提琴戏，突出职业教育特色发展，学校成立了崇阳职校提琴戏兴趣班，并开展各项传承工作。

学校努力打造一支品质优良、艺技精湛的校园崇阳提戏师生团队，力争 2 年内实现"七个一"，即一本提琴戏校本教材、一支专兼教师队伍、一张课表、一个舞台、一个兴趣班、一个剧团、一个提琴文化展厅。目前共选拔了 32 名学生、21 名教师分演唱组、锣鼓组、唢呐组、提琴组按课表有序上课。

十五、防控工作有举措。庚子年之春，一场新冠肺炎疫情袭来，使我们面临着严峻的考验。疫情就是命令，防控就是责任。除夕刚过，我们接到了去桃溪社区东台路网格参加抗疫的通知，党员干部和年轻教师一起到桃溪社区东台路卡点抗疫一线，坚守了55个日夜，用"凡人微光"散发出平凡的温暖。在特殊时期，在特别的地方，我们千方百计为居民生活排忧解难，用真情来保障居民生活平安，学校的党员教师为打赢这场疫情防控阻击战作出了自己的贡献。

十六、财务资助有规范。健全财务制度，注重管理规范。建立健全学校财务管理制度，坚持"量入为出，统筹兼顾，保证重点，收支平衡"的原则，根据学校的发展，招生情况和学校长远规划及年度收支增减等因素，科学编制财务预算，自求平衡，做到"无预算不开支，有预算不超支"。严格执行政府采购制度，规范政府采购行为。

重视中职资助，坚持程序规范。加强中职资助的领导管理，完善中职资助的制度建设。学校成立资助工作领导小组，制定了《崇阳职校中职资助工作方案》《崇阳职校中职国家助学金管理办法》《崇阳职校中职国家免学费管理办法》等一系列制度，使资助实施有章可循。加强资助的申报管理，严格执行审批与发放程序。

2020年12月30日　　星期三　　晴

崇阳职校办学思想提炼

办学理念：知行合一　德技双馨

办学原则：以生源为根基，以师生为本位，以德育为首位，以安全为保障，以规范为抓手，以质量为命脉，以特色为重点，以文化为先导，以创新为动力，以发展为根本，以就业为导向，以服务为宗旨

办学信念：劳动光荣　技能宝贵　创造伟大

校　　训：崇德　尚技　多元　创新

校　　风：严谨　务实　积极　包容

教　　风：爱岗敬业　因材施教

学　　风：勤奋自主　精益求精

办学目标：服务区域　人民满意

办学愿景：让每一个孩子都有出彩的人生

一个中心：以学生发展为中心

二个目标：升学就业两不误　双优发展永不息

三项重点：产教融合　三教改革　岗课赛证

三个对接：专业设置与产业需求对接；课程内容与职业标准对接；教学过程与生产过程对接

四大课堂：德育大课堂　技能大课堂　社团大课堂　思政大课堂

四红党建：红色校园　红旗教师　红星学生　红色技工

四自德育：自信　自律　自主　自强

五个标准：专业教学标准；课程标准；顶岗实习标准；实训条件建设标准；学生毕业标准

五个校园：平安校园　书香校园　规范校园　智能校园　文化校园

五步三化教学模式：五步即示标→预习→展示→反馈→反思；三化即信息化　趣味化　探究化

六种状态：端庄的仪态　积极的心态　健康的体态　科学的教态　博学的姿态　学习的常态

七项能力：自我控制能力　语言表达能力　逻辑思维能力
创新创业能力　人际交往能力　自我反省能力　一技之长能力
　　八有学生：有老总的理想　有专家的技能　有军人的规范
有工匠的精神　有多元的知识　有跨界的思维　有高尚的品德
有综合的素养
　　九心教师：对教育有忠心　对生活有信心　对学生有爱心
对学习有恒心　对工作有匠心　对家有责任心　对父母有孝心
对同事有诚心　对家长有热心
　　十种精神：爱岗敬业　团队合作　坚韧不拔　谦虚谨慎　吃
苦耐劳　积极进取　求实创新　有效沟通　敢于担当　自信自强
　　十星学生：工匠之星　孝雅之星　礼仪之星　卫生之星　劳
动之星　文明之星　书法之星　阅读之星　进步之星　公益之星

2021年2月12日（大年初一）　星期五　晴

成长反思

　　今天是农历大年初一，和往年相比，今年过年过得特别的静，倒不是因为疫情，恰是光阴易逝，人到中年，致虚守静吧！心静，到哪都是静；心躁，这个世界似乎都是躁的！今年一过，我就是45岁的人了，人们常说45—55岁是人生最成熟的阶段，我是不是该熟好了呢？回首参加工作近23年，在校长岗位上19年，如果说我有成长的话，那得益于我有三个习惯。
　　一是热爱学习。学习是一辈子的事。学习无处不在：向书本学，向身边的先进学，向领导学。我坚持读书，有时忙起来两天没看书，心里有一种说不出的失落感。在一线的工作中，我不断地践行书中的理念，并积极提炼，争取形成自己的东西。世间无处不英雄,"三人行,必有我师",我一直在践行。

二是积极反思。在反思中进步,在反思中成长。常常照照镜子,梳梳头,洗洗澡,感觉思想常换常新,神清气爽,超然自乐!反思,让我改正了很多缺点;反思,发挥了我的长处;反思,让我积累了丰富的教育智慧。

三是善于改变。金无足赤,人无完人。人发展最大的障碍莫过于自我封闭,不求改变。我喜欢挚友、同事跟我说实话,只要有利于自己成长进步的,我立行立改。慢慢地,我感觉自己的人格越来越健全了,感觉自己一年一个样,心中有一种莫名的踏实感!

2021 年 2 月 13 日　　星期六　　晴

崛起中的崇阳职业技术学校

在巍巍的幕阜山脉之中,在滔滔的隽水河畔,有一颗职业教育的明珠——她就是崇阳职业技术学校。承载着县域振兴的梦想,肩负着服务发展的重任,崇阳职校一路奋进一路歌。学校先后获评"国家中等职业教育改革发展示范校""全国职业教育先进单位""全国教育系统先进集体""全国国防教育特色学校""全国青少年校园足球特色学校""全国中小学中华优秀传统文化传承学校"等荣誉称号。学校坚持正确的办学方向,落实立德树人根本任务,遵循"德技双馨、知行合一"的办学理念,树立"劳动光荣,技能宝贵,创造伟大"的办学信念,奉行"崇德、尚技、多元、创新"的校训,努力让每一个孩子在人格健全中体验幸福人生。

学校在校学生 4000 余人,教职员工 205 人。学校专业设置与产业需求对接,开设有机械制造、汽车运用与维修、计算机、电子商务、幼儿保育和艺术类高考等17个专业。学校办学条件过硬：教学大楼、工匠大楼、学生公寓楼鳞次栉比；足球场、篮球场、乒乓球场、风雨操场一应俱全；各专业实训室、产教基地功能齐全。汽车运用与维修专业建有3000平方米大型产教基地，共有8个培训考核区。机械加工技术专业建成普车、普铣、数控车、数控铣、钳工实训室各1个，理实一体化实训室3个，机械加工中心1个，模具设计与制造技术车间2个，精品广告设计室1个；建有汽车运用与维修、数控车铣加工、幼儿照护、界面设计4个"1+X"证书制度试点标准实训室。

学校坚持"四红党建"，打造红色校园，评比红旗教师，培育红星学生，培训红色技工。讲好党史故事，开设红色课堂，传承红色基因；学校积极探索德育新模式，创新"四自德育"，开展月月德育，让德育课程变得丰满而有实效。学校每年开展"榜样引领"活动，充分发挥榜样人物和典型事迹的引领示范作用，学习冬奥榜样、寻访职业榜样、选树朋辈榜样、争做奋进榜样，坚定"技能成才、强国有我"的信念。

教师是"三教改革"成功的关键，对标"四有"好教师标准，学校努力打造"九心"教师，加大人才引进力度，落实教师全员培训制度，打造一支结构合理、素质优良的"双师型"教师队伍，学校双师型教师占87%。教育的主阵地在课堂，教育的希望在课堂，结合中职学校的教学特点，学校教学创新团队成功构建了"五步三化"教学模式，"五步"即明确目标→预习自学→展示探究→反馈检测→反思总结，"三化"即信息化、趣味化、探究化。新教学模式的实施，提高了课堂的趣味性，增强了知识的吸引力，培养了孩子的专注力，学生的创新精神和自主学习能力得到了极大的提升。

招生即招工，入校即入企。学校各专业积极探索与区域企业合作办学的方式和方法，实现教学过程与生产过程的无缝对接。

企业利用学校的人力资源优势开展用工招聘会，实现订单式培养；针对企业订单多的用工旺季，以工学交替的方式解决企业用工荒问题。学校利用企业的设备、岗位和技术技能优势，在专业建设、课程设置、师资培育、教学改革、实习实训等方面全面开展校企合作、产教融合，形成了人才共育、过程共管、成果共享的校企命运共同体。

学校积极响应国家赋能提质的号召，大力开展职业技能培训，培训项目有家政、月嫂、育婴、插花、办公自动化等。学校与实体企业合作，开展现代学徒制培训；与商务局合作开展电商培训；与崇阳烹饪行业协会合作开展美食进社区培训；与乡村振兴局、农业农村局合作开展农村劳动力转移培训等。学校挂牌成立"崇阳乡土人才培育学校"，助力乡村振兴；让烹饪大师、盆景大师、雕匠、木匠、画匠等能工巧匠进校园，传承地方工艺，服务区域发展。

崇阳是文化艺术之乡。崇阳提琴戏已有100年历史，是国家级非物质文化遗产。学校挂牌成立"崇阳提琴戏特色学校"，传承和发展地方优秀传统文化。学校开设提琴戏剧班，聘请本地提琴戏专家教师12名来我校教戏，师生学戏踊跃，成果显现，多次在省市级地方戏剧展演中荣获一等奖。2021年10月，我校被教育部评为"中华优秀传统文化传承学校"。

学校推进"四大课堂"：德育大课堂重在提高学生的道德修养，技能大课堂重在提升学生的技能水平，社团大课堂让学生的业余爱好得到尽的发挥，军事化大课堂重在培养学生良好的职业习惯。学校本着对每一个学生负责任的态度，做到升学、就业两不误。技能高考成绩走在全省全列，本科上线率10%以上，专科上线率100%，就业率100%。崇阳职校，让每一个孩子都能圆大学梦。

乘风破浪会有时，继往开来进无止。我们有老总的理想，我们有专家的技能，我们有军人的规范，我们有工匠的精神，我们有跨界的思维，我们有高雅的修养。习近平总书记说："职业教育前途广阔、大有可为。"在职业教育法的实施过程中，在"人人兼可成才、人人尽展其才"职业教育氛围中，崇阳职校一定能成就你出彩的人生！

2021 年 2 月 20 日　　星期六　　晴

一点感想

社会上，从不缺冲锋陷阵的将才，缺乏的是统领千军万马的帅才。帅才思想深邃，有格局；人格健全，有品质；工作大胆，有智慧；兴趣高雅，有品位。培养一个帅才不容易，时代渴望帅才。

2021 年 2 月 21 日　　星期日　　晴

教育改革变什么

和一位朋友闲聊，谈到教育改革，我认为教育改革必须要做到以下几点：

一是大力提升教育理念和方法。只有在先进教育理念指导下运用科学的方法，才能培养出优秀的学生，要重点围绕培养什么样的人，怎样培养人，为谁培养人上下功夫。

二是打造一支一流的教师队伍。有什么样的教师就有什么样的学校，要千方百计体现事业留人、感情留人、待遇留人，让老师有满满的职业幸福感！教师是人才培养过程的落实者，抓教师队伍的成长学习，提高教师的综合素养，实行教师末位淘汰制，是教育所盼。

三是大力推行课堂教学改革。教育的希望在课堂，教师的职业幸福感在课堂。应汲取全国课改名校的先进理念和方法，结合校本特点，总结提炼课改特色，让现代先进教育理念在课堂上落地生根。

四是做到以人为本，因材施教，着力培养学生的综合素养。实行分层教学法，不同类型的班采用不同的理念和方法，做到授之以渔。

五是优化学校班子队伍建设，对中层干部实行竞岗制。学校办学方向确定后，领导干部是决定性因素，干部要带头学习，带头学习先进教育理念，带头参与教研教改，冲锋在前，以生为本，为教育奉献一切！

2021 年 2 月 23 日　　星期二　　晴

珍惜时间

每天总感觉时间太少，有很多的文件等着我去细读，有很多工作等着我去反思，有很多眼前工作等着我去安排、布置、督促，强烈的忧患意识让我不得不去思考工作中的隐患及学校发展中的问题，务必要把隐患消灭在萌芽状态，把学校发展的舵把稳、把准！

幸好我没有打牌赌博、喝酒玩乐等耽搁时间的爱好！否则会耽误我多少时间呀！时常静下心来读点书、写点日记、想点工作，遇事胸有成竹，做人坦荡豪爽，心情格外的舒畅。当然也时有一些不得已的应酬耽误我读书学习的时间，过后心情惆怅，感慨光阴易逝，人生的价值何在！

人生的光阴只有短短几十年，15 岁以前是懵懂的，60 岁以后是养天年的，还有吃饭、睡觉、休闲等时间是必须预留的，真正学习、工作的时间又有多少呢？常从镜中悲白发，看日落西山鸟归巢，心中感叹油然而生！

珍惜时间，珍爱生活！

2021 年 2 月 24 日　　星期三　　小雨

人与人的差距在哪里

任何成功的背后都是苦行僧般的自律。当你还想在床上多睡一会儿的时候，人家已穿起了运动装在锻炼；当你还在牌桌上玩乐的时候，人家已在读书、写作和反思；当你还在酒桌上娱乐的时候，人家已在努力地工作；当你在计划怎样游山玩水的时候，人家在谋划工作，谋划未来……当你还在自我知足时，去看看人家是怎么奋发有为的吧！

两种不同的生活方式，两种不同的人生观，一天两天没区别，一月两月差别小，一年两年差别就大了，人与人之间的距离就是这样慢慢拉开的。

我们要收集生活中经典的惜时案例，在德育教育中开设惜时课程，让我们的孩子珍惜有限的光阴，开创无限的未来。

2021 年 3 月 17 日　　星期三　　阴

什么样的老师是好老师

做一个优秀的老师是很不容易的，我认为他必须具备如下基本素质：

热爱学习。能坚持读教育名著，吃透大师的教育思想并能付诸实践。

勤于反思。反思是最好的成长方式，在反思中提升，在反思中进步。

重视课堂。学生对知识点的掌握和对分数的提高重点在课堂上，优秀的老师总能让课堂高效率、高效果。课堂上深入浅出、融会贯通的教学方法最能体现老师的水平与能力。

注重方法。好的学习方法，做一道题顶十道，纠错本常伴、笔记本常记。只有不负责任的老师才会滥布置作业，让学生苦不堪言。授人以鱼不如授人以渔，教给学生科学的学习方法比死记硬背、滥布置作业不知要可贵多少。

重视分数但不唯分数。分数是一时的，能力是永恒的。培养学生具有强健的身体、良好的学习习惯、优秀的学习品德、优雅与健全的人格比什么都重要。

2021 年 3 月 19 日　　星期五　　阴

自我画像

如果我给自己画像的话，我认为主要有这么几点：

一是不贪财。不得不义之财，不受人还不起的人情。

二是不贪色。与美女交往纯洁，心动但无非分之想。

三是爱学习。坚持每天看牛书，向书本学；交牛人，向高人学；学牛话，向身边的人学。

四是爱运动。我坚持每天早上 6：00 起来跑步，坚持了十多年，感觉身体越来越棒，工作精力充沛。

五是善于改变自己。只有人格健全，成功的机会才属于你。

我能随时反思自己的不足之处，并能及时改变提升自己。

六是对教育有情怀、有责任。工作中的愁与苦、悲与喜，不影响我干事业的热情；面对工作中的困难，我不带任何负面情绪。不以物喜、不以己悲，胸怀坦荡，无怨无悔！

2021年3月20日　　星期六　　雨

中层干部危机

自负。总认为自己了不起，总认为这事只有我能做，别人做不了，其实地球上没了谁都会转得好好的。领导把你放在这位置上，是对你的信任和认可，不管什么工作，只要用心去做，没有做不好的。

自惰。表现为不思进取，得过且过，安排工作不动脑，不谦虚谨慎，不精益求精，出勤不出力，总认为过得去就行。

不勤政。不能以身作则。群众的眼睛是雪亮的，你干了什么事，做出了哪些成绩，群众自有公认。

观念落后。不能接受新事物，对新鲜事物抵触，固步自封，这是很可怕的。思想观念是行为的先导，观念都跟不上来，工作怎能有突破！只有落后的干部，没有落后的群众。

会议工作。把工作寄于会议，认为工作就是开会。会议上布置再多，讲得再多，没有督办，没有一项项的落实又有什么意义？真正的工作在于落实落实再落实，不是看你讲得有多好，而是看你做得有多棒。

不能传播正能量。要传播正能量，首先自己要有正能量。中层干部的正能量就是不断改变自己、提升自己，凡事带头干，不意气用事，不拉帮结派，做一个有责任担当、有人格魅力的中层干部！

2021 年 3 月 25 日　　　星期四　　　晴

职业教育活动周八大展区

每年 5 月份第二周是职业教育活动周。今年活动周上，我校拟办八大特色展区如下：师生精神风貌展示，各专业成果展示，地方文化传承展示（提琴戏、武术），民间工艺技师成果展，校企合作成果展，提质赋能、技能提升成果展示，德育成果展，党建成果展。

2021 年 3 月 26 日　　　星期五　　　阴

教育的痛批

我痛批幼儿教育小学化，让幼儿饱受教育的苦果！

我痛批小学教育作业化，让阳光活泼的少年在无穷的作业中饱受心灵的创伤！

我痛批初中教育分数化，不重素养重分数，让掉队的学生从此接受异样的目光！

我痛批不遵循教育规律和孩子成长规律的肆意妄为行为！

我痛批有的教师不读书，成天要学生读书的霸道行为！

我痛批一些老师教学不认真，得过且过的混日子行为！

我痛批教育不抓课堂抓课余，消磨孩子宝贵光阴行为！

我痛批课程资源不开发、不整合，随意发号施令行为！

2021 年 3 月 27 日　　星期六　　阴

教是为了不教

教育就是分数？教育就是上大学？教育就是找个好工作？这些，都是片面的。

教育应该是不带功利而来，自有去处而去的。

教育的过程应该是幸福的，充满好奇的。

教育的结果应该是很自然而无强求的。

教育的目的应该是天成的。

教是为了不教！

2021 年 3 月 31 日　　星期三　　阴

认知的提升

我曾碰到一个人，面相很善，表现非常热情，两眼放光，言辞得体，给我的第一感觉这个人应该不会坏吧！但在一段时间的交往中，他处处用尽心机，显得非常尖酸刻薄，我顿时觉得我当时识人失误，于是慢慢地疏远他。

前辈教导我们人不可貌相，于是我时时防着身边的小人，处处谨言慎行。在近 20 年的校长生涯中，我锤炼了察言观色、洞若观火的本领，这也许是一种成长吧！

以前的我，如果不喜欢一个人，就会表现得很讨厌他；但现在的我，不会讨厌任何一个人了，没有了厌恶人的感觉，如果不喜欢他，大不了少与他交往罢了。现在的我正努力做到"对所有的人以诚相待，同多数人和睦相处，和少数人常来常往，只跟一个人亲密无间"。

我常常把我的认知提升和成长分享给我的学生，以自己的亲身体验影响学生，教育他们学会做人，学会识人。

2021 年 4 月 25 日　　星期日　　晴

培植中职学生爱国情怀

爱国主义教育是一个永恒的主题。作为培养职业人才主渠道的职业学校，必须加强爱国主义教育，把爱国变成学生群体的自觉行动。

职校坚持把爱国主义教育作为德育的主线，以各种有益的活动为载体，以潜移默化、润物无声的方式，滋润学生心田。

学校举办"激扬青春、歌唱祖国"校园快闪活动，全体党员教师与学生共同参与，激发学生对祖国的热爱之情。学校举办"我和我的祖国"演讲比赛活动，用"青年兴则国家兴，青年强则国家强"的经典警句激发学生自信之心。学校开展"读一本好书"活动，引导学生重温革命历史，发扬优良传统，体验民族精神的时代内涵，树立民族自尊心、自豪感、责任感和使命感。清明时节，学校组织团员青年开展"祭英烈、爱祖国、知党恩、跟党走"活动，在当地革命烈士纪念馆，党员教师带领团员学生向革命先烈献花，并重温入团誓词。参观崇阳县党史馆，深切地感受到中国共产党人的坚定信念和为党为人民英勇献身的大无畏精神，迸发出为中华崛起而读书的激情。

职校爱国主义教育不一定要铺天盖地，也许一本好书、一首歌曲、一则故事、一个活动、一堂课等都可以让学生感受到祖国可爱之处，让学生对祖国爱得深沉，进而把爱国情怀化为自强成才的动力。

2021年4月26日　　星期一　　晴

以准军事化管理规范学习行为

学校实施准军事化管理，是对学生进行行为规范教育和职业素养教育的有效办法。学校从学校、学生的实际情况出发，以人为本，在学校实行准军事化管理模式，效仿军队正规化管理的内容和形式，采取理论学习和训练实践相结合，规范管理和养成教育相结合的办法，让学生在准军事化管理中养成纪律严明、吃苦耐劳、严谨求实的作风。

天天晨训。学校成立了准军事化管理训教中心，对学生实行军队建制管理，一个班为一个排，一个专业为一个连，全校为一个营。每天早上，学校准军事化管理训教中心集中全校学生训话，党员干部和训教干部轮流主讲，总结通报前一天的校园纪律情况，表扬先进，诫勉不足，对当天的学习生活提出具体要求，通过"以训促管"的形式夯实学生管理工作，有效培养了学生的纪律意识，提高了自我控制力。

周周竞赛。学校每星期都组织各连队开展不同的竞赛活动，给学生一个展示自我的平台。"军歌竞赛"激发学生积极向上热情；"内勤竞赛"培养学生爱劳动爱整洁的生活习惯；"才艺比拼"展示现代中职生的青春风采；"劳动竞赛"让学生在体验农活，感受劳动艰辛的同时知道生活的不易，懂得感恩；"技能竞赛"展示学生学文练技的优秀成绩，以赛促教，以赛促学，以赛促用，丰富学习形式，活跃学习氛围，增强学习实效，切实推动学校德育工作的深入开展。

月月评比。学校充分发挥团委、学生会干部作用，引导学生以"主人翁"的姿态参与学校日常管理。学生会、纠察连对全校实施分层管理，检查学生的"军风""军纪"，培养学生自我管理能力和服务意识。每个月的月底，进行一次全校性的评比，评比中特别注重对专业部（连队）、班级（排）、学生个人德育表现的考核评价，形成有效的竞争激励机制，对于成绩突出的集体和个人及时给予表扬，进而组织学生学习身边的榜样，以榜样的力量引领学校德育工作一步一步地往实里走，往心里走，往深里走。

期期军训。每学期开始，准军事化管理训教中心组织为期2周常规军训，让学生接受军事化的"洗礼"。学生们将"学习军人作风，完善自我形象""烈日下练就钢筋铁骨、风雨中培养铁的纪律"的口号化为一种自觉的行为，增强了体质和意志。经过军训洗礼，学生在校的行动都印上了"军事化"的烙印：到教室上课整队，见到老师行礼，到食堂就餐排队，学生往返教学区和生活区时有秩序、不拥挤、不乱跑，良好的校风逐渐形成。新生军训让学生逐渐养成优良的习惯和吃苦耐劳、团结向上的优秀品质。军训结束后，军人的钢铁气质和令行禁止的作风留在校园，留在学生心中，化为了中职生健康成长的动力。

2022 年 4 月 27 日　　星期二　　晴

让企业文化浸润学生心田

"招生即招工，进校即入企。"中职学校只有敞开大门，才能让学生走入社会接受锻炼。学校积极探索与企业合作办学的方式和方法，努力实现产教融合，引导学生在工学结合中养成良好的职业道德行为。

学校与18家企业签订了合作办学协议，与企业共同组织开展学生工学结合期间的德育工作。电子专业同湖北三赢兴科技有限公司签订了合作协议并开展工学结合，本学年，派出150名学生到该企业进行工学结合，同时安排4名党员教师负责学生工学结合期间的管理和德育工作。学生与工人一起劳动，既学专业技能，又学工人的优秀品质，有针对性地提升自己的社交能力、组织能力和表达能力等，为以后的就业与发展做好了充分的准备。

学校现有的3800名在校生大多来自农村，其中有建档立卡贫困户子女595人。这些学生是一个特殊群体，有的不自信，有的因为家庭贫困而面临失学。为了帮助他们能顺利完成学业，并能健康成长，每学期学校都选派这部分学生到县内企业进行为期一至两个月的工学结合。企业的文化资源培养了学生吃苦耐劳的精神，同时学生凭劳动创收，人均月收入3300元，基本上解决了自己一个学期在校的生活费用。近三年来，学校共选派该类学生800余人次到县内企业工学结合，让学生在实践中体验劳动的艰辛，在企业文化的熏陶下重拾自信。学生回校后，摒弃自卑意识，发奋学习，在校学生辍学率逐年降低，目前，在校学生巩固率达97%。

实践证明，学校只要抓住中职学生与社会实际、生产实际、岗位实际以及一线劳动者密切接触的时机，对学生进行敬业爱岗、诚实守信为重点的职业道德教育，就能培养学生爱劳动、爱劳动人民的情感，就能提升学生的素养，也只有具有职业素养的学生才能受到企业的欢迎。

2021 年 4 月 30 日　　　星期五　　晴

新入职教师必须要做的五个培训

近几年，学校新进老师较多，为职校发展注入了新的活力。我认为新入职教师必须做好五个培训：
一、新教育理念与教育方法培训。
二、职业教育理论、方法和文件学习培训。
三、崇阳职校校史学习培训。
四、教育法规学习培训。
五、师德师风教育培训。

2021 年 9 月 9 日　　　星期四　　晴

闲谈"三论"

自从调入职校，我与社会的接触面大了很多，接触的人也很多，也时常和一些人谈生活、谈人生，概括起来，我认为有三类：

有品位的人谈文化。我见过很多的高人，他们有深厚的文化底蕴，有过人的见识，他们谈吐自如，语言充满磁性，让你如沐春风，见贤思齐。

没品位的人谈是非。是非之人必惹是非，你在论人是非，体现的是你的修养、你的人品。有人总是关心别人的钱财、家境，用放大镜、显微镜看人家，其实你议人是非，人家也一定在议你是非。

低级趣味的人谈男女。男女之事调侃有趣，过之即劣。

2021 年 9 月 29 日　　星期三　　晴

特色操展示

今天上午，学校隆重举行"庆国庆师生（特色操）风采展示"活动。县教育局相关领导与天城城区各中小学校长及职校全体师生等共 4200 余人参加了活动。

活动首先在庄严的升国旗仪式中拉开序幕。在雄壮的国歌声中，鲜艳的五星红旗冉冉升起，全场人员行注目礼，接着，齐声高歌《歌唱祖国》，歌声响入云霄，表达了师生深切的爱国之情。随后，在一片热烈的掌声中，师生们开始了精彩的会操展演。

青年教师《工间操》动作标准优美，彰显阳光自信；艺术部《戏曲广播体操》戏曲韵味十足，展现了地方文化特色；信息部律动操《追梦人》节奏整齐划一，颂扬工匠精神；机电部武术操《舞动崇阳》气势如虹，激情昂扬；艺术部曳步舞《少年》释放青春活力，点燃校园激情。展演过程中，全体师生统一着装，口号洪亮、步调整齐、动作有力、精神饱满，展现出了职校师生积极向上、立志报国的精神风貌。

2021 年 10 月 13 日　　星期三　　阴

教育现代化提升工程项目简介

湖北崇阳职业技术学校是崇阳县政府主办的一所学校，是国家示范中职学校，在校学生 4255 人，教职员工 202 人。

为落实习总书记"培养更多高素质技术技能人才、能工巧匠、大国工匠"的指示精神，满足新时代职业教育需要，擦亮崇阳职业教育品牌，在新一届县委县政府领导的关心关爱下，学校新建现代化"实训大楼"，又称"工匠大楼"。大楼总建筑面积12600平方米，总投资2500万元，于2020年8月开工建设，今年9月竣工。大楼共有六层，大楼一层是能工巧匠工作室、校企合作区；二层是企业工程师工作室、产教融合区；三楼、四楼是理实一体实训室；五楼是专业技能实训室，有计算机机房、工业机器人实训室、机械模拟仿真实训室、月嫂育婴室、康养室等；六楼是文体艺中心，有书法室、阅览室、舞蹈室、健身房、学术报告厅等。实训大楼建成后，可培训各类技术技能人才，特别是乡村振兴紧缺急需的雕匠、木匠、石匠、竹匠、绣匠等工匠类人才，中药材、生态种植养殖等产业技术类人才，月嫂育婴、烹饪等服务类人才，书法、武术、舞蹈等艺术类人才，培训打造一支数量充足、质量优良的能工巧匠、大国工匠。实现本地生源、本地培养、本地就业，助推崇阳乡村振兴、高质量发展走在全省前列。

2021年10月14日　　星期四　　阴

给新任教育局局长的一封信

尊敬的孙高峰局长：

　　您好！

　　雨金非常诚恳地恭请孙局来我校调研并指导职业教育的发展，孙局日理万机，唯恐耽误你宝贵的时间，只好以书信向领导汇报我校的基本情况，不妥之处，请孙局海涵。

　　我校共有在校学生4055人，教职工202人（其中非编教师45人）。学校根据各专业的特点分三个部：机电一体部、信息技术部和艺术教育部。机电一体部有汽车运用与维修、机械制造、工业机器人、城市轨道交通（3+2）、电子技术应用专业；信息技术部有计算机应用（有计算机基础、动画、程序、网络安全等方向）、平面广告设计、市场营销、会计事务等专业；艺术教育部有农学，学前教育，艺术高考的音乐、体育、美术、舞蹈等专业。为了让专业适应市场发展，明年学校打算新开设康养、人工智能、家政三个专业。为了让职业教育更好地服务地方经济发展，2016年学校注册了短期培训部，主要开展赋能提质工作，面向社会培养实用技术人才。

我校学历教育高考分两种：技能高考和艺术高考。其中，艺术高考每年招两个班100人左右，占全校学生数约7.5%，文化学习课程与普高的一样；92%的学生是走职业教育技能高考方向的。这两条升学的途径都很宽广，特别是技能高考，有单招、"3+2"贯通、技能高考三条途径，高校招生的开放政策为每一个中职毕业学生提供了升大学的便捷途径。崇阳的家长爱面子，加上传统"学而优则仕"、通过读书改命的思想根深蒂固，学生和家长都迫切希望上大学，哪怕上个不好的大学也要上，导致中职毕业生直接就业的几乎没有。我们也试图做了大量的工作，强制安排一些学生就业，但家长学生意见很大，他们终究是抵不住高职扩招和高职升本诱惑的（从2019年始，全国每年高职扩招100万人，一批高职院校也在陆续升本科）。

校企合作，产教融合是职业教育的主攻方向，我校每个专业都对接了至少一家本地（本县或省内）企业，开展了课程设置、教材开发、人才培养方案等方面的研究，也取得了一定的成果。学校通过顶岗实习、工学交替让师生走进企业，让企业工程师进校园，逐步完善产教融合办学体制。在学生顶岗实习过程中，极力让企业把学生留下来，但是留不住呀！为啥？家长不愿意。孩子高中毕业年龄约 18—19 岁，家长认为孩子心智不成熟，不愿意让孩子过早流入社会就业。中共中央办公厅、国务院办公厅《关于推进现代职业教育高质量发展的意见》指出："建设一批优秀中等职业学校和优质专业，为高等职业教育输送具有扎实技术技能基础和合格文化基础的生源。"国家对不同层次的职业教育正在纵向贯通，导致中职学生毕业直接就业的机会又少了。

职业教育离开了企业这个肥沃的土壤就如同树木没有根须一样，我们也积极寻求与企业合作的机会，我们也试过，要做到升学就业两不误，最好的办法是与企业合作办订单班，长三角、珠三角一些企业也经常找我们，但我校没答应与他们合作的原因是违背了"职业教育服务区域发展"的根本宗旨，痛心的是本县没有过硬的企业，与我们合作的深度也很不够。本地就业选择的机会不多且工资待遇不高，留住孩子难！

崇阳职校发展到今天，能够立足是靠"三板斧"：一是技能高考，我校技能高考专科升学率 100%，本科升学率在 8% 左右（全省中职学校本科平均升学率只 2%）；二是技能竞赛，每年参加国家、省、市技能竞赛成绩都走在前列；三是"1+X"证书制度试点，我校有汽车运用与维修、数控车铣、界面设计、幼儿保育四个专业"1+X"证书制度试点，成绩也很理想。我校每年的质量提升报告都受到省教育厅的好评。每年省教育厅给我校奖补资金在县级中职学校中是靠前的，虽然是综合评价后再核发，但这"三板斧"起了很大的作用。

开展职业技能短期培训是职业教育的一项职能，我校职业技能培训中心于 2016 年成立，每年培训的人数在 2000 人左右，可开展培训电商、创业带头人、脱贫致富、乡村振兴人才、农村实用技术人才、月嫂、老年服务、家政、插花、美容美发、烹饪、办公自动化、钗车、挖机、电工等60多个培训项目。这些培训短的半个月、一个月，长的3—6个月。我校与本县一些职能部门合作办了很多培训班，反响也很好，但短期培训最大的难处在招生难。近三年来，这块工作我们花很多心血，也取得了很好的成绩。2020年7月，国务院在湖北主持召开的赋能提质会议上，我校作为全省唯一的一所中职学校在会上做了经验交流发言。

孙局长，崇阳职校是靠教育局强有力的支持招生起家的，从2007年建校至2018年的11年期间，招生工作一刻也没有松懈过，其中之辛酸，老师们用"四千万"来形容：走遍千山万水、历尽千辛万苦、走进千家万户、道尽千言万语。我们两手抓：一手抓招生，一手抓内涵发展。招生工作直到今年才完全解放，内涵发展任重而道远。

我们时刻有危机存亡感，因为没有危机就是最大的危机。职业教育有很多创新之路等着我们去开拓，若一不留神就被别人撇得老远。我校"双师型"教师少且素质不高，地方企业不强、经济不活，教师待遇在城区学校中偏低，这些都是很现实的问题，但我们不会等、不能靠，如何让职业教育真正服务区域发展，服务乡村振兴，擦亮崇阳职业教育的品牌，还有大量的工作要做，恳请孙局不吝赐教，不胜感激！感谢孙局对职校的关心、关爱！

2021年10月20日　　星期三　　雨

送驻村工作队队长上任

今年县政府作了驻村工作队调整，职校驻白霓镇余耕村。我校也作了驻村人事安排，王学道同志任余耕村驻村队长，徐志书同志任队员，今天我和几个副校长送学道同志上任。余耕村的干部群众很热情，举行了一个简单的欢迎仪式。余耕村的金超书记邀请我讲话，我就特别强调乡村产业的发展。

乡村振兴关键是产业振兴。余耕村要带领老百姓大力发展乡村产业。怎样发展？首先是人的问题，人的问题解决了，什么事都好办了，余耕村需要调动全村人员的创业热情。乡村振兴需要一大批农村实用技术人才，我校是职业技术学校，可以开展乡村振兴如种植、养殖、木匠、雕匠等乡土人才的培训和培养，关键是要组织村民积极参与，培训了就能够学以致用，好吃懒做，永远都是穷光蛋。

发展村级集体经济是村委会的致富之路，有了钱，村里可以为老百姓办很多实事。帮扶单位给钱，只能给一时，吃了这一餐，那下一餐呢？所以村委会要想方设法接管道、产业化运作，让村里有源源不断的财富。要富口袋、先富脑袋，干部只有解放思想，加强学习，开阔眼界，才能瞄准发展的路子。白霓镇是崇阳最大的乡镇，余耕村紧挨白霓镇政府，具有得天独厚的发展优势，路子是想出来的，幸福都是奋斗出来的！

我认为余耕村首先要做科学的发展规划，土地适合种什么？山上栽什么？水里养什么？规模搞多大？要分析每个区域的特点，做科学的布局安排。多渠道筹措资金，银行借贷、创业担保、集体合股等都行，关键是要行动，机会稍纵即逝，摸着石头过河也是在实践，实践出真知，实践出成果。光阴易逝、人生易老，我们等不起呀！

如果余耕村的产业做起来了，还可以作为崇阳职校的产教基地，让我们的学生深入田间地里，开展劳动教育，实地学习技术技能。

2021 年 10 月 21 日　　星期四　　阴

个人师德表现总结

　　本人忠于党和人民的教育事业，认真贯彻党的教育方针政策，爱岗敬业，视校如家，坚守岗位，从不缺岗缺勤，认真备好每一节课，认真上好每一节课；我乐于奉献，从不计个人得失，工作勤恳踏实；我热爱学生，爱生如子，平等对待每一位学生，做到有教无类、因材施教；我为人师表，注重自己的一言一行，在工作中时刻起先锋模范带头作用；我热爱学习，以先进教育教学理念指导自己的实践；我勤钻业务，不断提高自己的业务水平，在一线的实践中摸索出一套先进教育理论和方法。我特别注重学生的爱国主义教育、理想前途教育、行为习惯养成教育，以高尚的人格引领学生成长，培养社会事业的建设者和接班人。

2021 年 11 月 11 日　　星期四　　晴

寄语新团员

青年团员们：

　　今天，我们在这里举行新团员入团仪式，见证一批优秀青年的成长和进步，我感到十分高兴！你们即将为共青团注入新鲜血液，增添新生力量，在此向各位新老团员致以诚挚的问候！

　　今年是中国共产党成立 100 周年，是五四运动 102 周年。从 102 年前的"用生命点燃未来"，到今日的"不忘初心跟党走"，五四运动的呐喊声虽已散去，五四运动精神却一直沉浸在中华民族奋斗的血脉里。"爱国、进步、民主、科学"的五四精神经过百年洗礼而历久弥新,照耀一代又一代中国青年在党的正确领导下,义无反顾地走在革命斗争、社会建设、时代改革的前列,谱写了一首首辉煌壮丽的青春赞歌!

铭记历史,才能奋勇向前。回望那段历史,重温往昔那段激情燃烧的岁月,是更好推动新时代青年继承五四精神,担负起实现中华民族伟大复兴历史重任的最好体现。

青年朋友们,今天,在你们身上,我感受到的是热烈的青春气息和蓬勃的精神面貌。共青团是一个学习的岗位、锻炼的岗位、实践的岗位,是展示青春才华的大舞台。为了你们的春春多彩,为了你们的人生出彩,我在这里提三点希望,与大家共勉:

一是希望你们坚定信仰,筑牢精神之基。要牢记党对青年的期望,充分认清自身肩负的使命,坚定不移听党话、跟党走,树立正确的世界观、人生观、价值观,弘扬"五四"精神,着力锤炼高尚品格。

二是希望你们勤于学习,练就过硬本领。要从根本上树立梦想从学习开始、事业靠本领成就的人生信念,把"读万卷书"与"行万里路"结合起来,在学习钻研中汲取知识、增长智慧,让勤奋学习成为青春飞扬的动力,让增长本领成为青春搏击的能量。

三是希望你们矢志奋斗,书写无悔青春。作为新时代青少年,你们要勇敢地肩负起时代赋予的崇高责任,勇立潮头,敢为人先,努力践行奋斗精神,视逆境为熔炉,把磨难当动力,勇挑时代重任,在激情奋斗中绽放青春光芒。

同学们,入团是人生政治生命中的一个重要里程碑。我们深信,在"五四"精神的强大感召下,职校青少年一定能够担当实干、发奋学习,学技能,强本领,为成就出彩人生奠定坚实的基础。

2021 年 11 月 23 日　　星期二　　晴

职业教育服务地方发展做法汇报

我们的做法是，着力围绕乡村振兴战略实施，大力发挥崇阳职业教育优势，落实"三个一批"，为崇阳县域经济发展培养技术技能人才、能工巧匠、大国工匠。

一是开设一批本土专业。职校专业对接地方产业，如农学类中药材、种植、养殖等；服务类养老服务、育婴师、家政服务等；产业类电子电工、机械制造、汽车维修等。

二是开展一批培训项目。开展农村电商、致富带头人、村级办公自动化、扶贫车间学徒制培训等项目。

三是打造一批能工巧匠。让能工巧匠进校园、企业车间进校园、企业工程师进校园，让职业教育直接服务乡村振兴，服务产业发展。

崇阳职业教育努力做到本地生源、本地培养、本地就业，为乡村振兴作出积极的贡献。

2021 年 12 月 2 日　　星期四　　晴

今天是个好日子

今天，在《易经》的角度思考，是个月德贵人的日子，意思是说如果今天有喜事，意味着月月有喜事，好运连连。早在一个月前，我就打算在今天进行行政办公搬家、学校篮球馆开馆。倒不是信什么迷信，只是希望工作顺利，职校兴旺发达，图个吉利吧！

令我意想不到的是今天的数字很特别，20211202，从左往右，从右往左都是 2021，代表无论东西还是左右都是"爱你爱你"，难怪网上有人说今天跟 2013 年 1 月 14 日（爱你一生一世）一样好！在这样一个好日子，职校有两件喜事，真是天作之合，工匠大楼落成搬家、篮球馆开馆。

今天是个值得庆幸的日子，愿一切如愿，愿职校兴隆。

2021 年 12 月 7 日　　星期二　　晴

让抖音抖出崇阳职校亮丽名片

现在最流行，最受老百姓喜爱，又最直截的宣传方式莫过于抖音了。听很多朋友讲，抖音产生了很多网红，网红一出，关注度一呼百应。

今晚受一个朋友的邀请，到老工会的四楼一个店吃晚饭，店名叫"乐悦坊"，电梯很小，很挤很窄，崇阳很多公共电梯大概都是这个样子吧！我想，这样一个吃饭的地方，能有生意吗？刚走出四楼电梯，店里人声吵嚷，令我意想不到，整个店面不豪华，来吃的人却络绎不绝，我想这里菜的味道一定很好，酒香不怕巷子深嘛！随朋友来到了一个包间，朋友说这个包间上午就要订好，不然到了下午就订不到了。

我很诧异，好奇地问："为什么呢？"

"因为生意好呗！"

一会儿上来了一满桌菜，我吃着吃着，觉得味道并不是我想象得那么好。

吃了不到一半，一位身材修长的美女来招呼，朋友说这是店里的老板，看样子朋友常来这里吃，不然怎么跟老板这么熟？

"我是在抖音上认识老板的。"朋友笑着说。

朋友是个抖音狂，也经常拍抖音。

"这家店原来很冷落，快要熄火，现在很红火，是老板拍抖音拍火的!"

哎！抖音的作用这么强大！我不拍抖音，也是因为工作忙，几乎不玩抖音，差不多是个抖音盲，我是不是落伍了？

关注度这么高的抖音，我为什么就不能好好地用上呢？我们学校4000多名学生、200多位老师，人才济济，艺者群群，如果也通过抖音来宣传学校，该是多么强大的力量啊！是该好好运作抖音了。

我迅速制定了崇阳职校抖音工作方案。先注册抖音号，后成立抖音工作团队，在学校选拔策划者（编导）、文书员、演员、拍摄员、道具保障员等，成立抖音办，加强组织领导，落实工作职责，力争在最短的时间内，让抖音抖出职校最好的亮丽名片。

2021年12月10日　　星期五　　晴

职校孩子的心理问题和对策

职校是全县学生心理安全问题最复杂的学校，因为职校孩子来源不一般，他们要么行为习惯差，要么家庭成长环境差，要么文化成绩底子薄，归根结底还是孩子小时候的教育失当造成的，其实孩子本身没有错，他们都有闪光的一面，他们都有成才的可能，他们的内心都有渴望被人认可的欲望。职校孩子心理隐患多，主要有以下四个方面：

一是家庭缺少爱。职校的孩子70%是留守孩子，父母长年不在身边，因缺爱而情商低，性格怪僻，久而久之心理就产生了问题。

二是感情的纠葛。现在的孩子普遍早恋，感情的复杂性如果没有得到正确的引导，很可能引发心理问题。

三是教育方法不当，语言的刺激。有时候一句打击的话就可毁掉一个孩子，因此老师应注重因材施教，用科学的教育方法教育孩子很重要。

四是社会的干扰，尚美的缺失。受社会不良风气的影响，如果家长和老师对孩子的人生观、世界观、价值观引导不当，孩子对真、善、美辨别不清，很容易误孩子一生。

我校有三点做法，我认为做得比较好：

一是校园安全坚持二十四小时值守、巡逻。学校实行准军事化管理，对学生寝室、楼道、课间进行不间断巡逻，避免了很多安全事故的发生。

二是学校活动多，特别是社团活动，让学生在校充满快乐，消除了学生的心理障碍。

三是校长信箱沟通了学生的内心世界。在教学楼大厅里，有一个较大的上了锁的箱子，就是校长信箱。同学们有什么委屈，有什么不开心的事，对学校对老师有什么建议都可以向校长信箱里倾诉，校长在第一时间为学生排忧解难。

2021 年 12 月 11 日　　星期六　　阴

静能生慧

本周六、周日，学校行管人员和部分老师集中在学校加班，完成一个任务就是创"双优"中职学校。加班的同志每个人都有任务，我也亲自执笔，我的任务是写学校提质培优行动方案。在办公室忙了一整天，终于完成了初稿，心里感到莫大的快慰。

似乎好久没有这样静下心来做学校统筹发展方案了，看到写完的稿件，真有一种"胸中有丘壑"之感，学校全面发展蓝图全在我心中，为今后的实施做到了胸有成竹。

静能生慧，也许就是这种感觉吧！在今后的工作中，很有必要每天保持1—2小时非常安静的时间，反思工作、提炼收获、增长智慧，也以此勉励所有中层干部，在工作中要忙里偷闲，善于总结反思，在反思中提升自己。

2021年12月14日　　星期二　　阴

学期末学生素质报告单——校长寄语

职业教育前途广阔，大有可为。培养新时代的技术技能人才、能工巧匠、大国工匠是职业教育的根本任务。一年来，崇阳职校在各位家长的支持配合下，在各级领导和各界人士的关心下，在党的惠民政策的润泽下，我们以求真务实的作风、踏实肯干的精神取得了骄人的业绩，赢得了社会各界的一致好评。过去的一年，全校师生开拓创新、奋发有为，我校新增两项国字号奖：全国德育教育特色学校、全国中华优秀传统文化传承学校。

学校坚持党建引领、匠心筑梦，建好"四红教育"阵地，打造红色校园；开展星级竞赛，评比红旗教师；坚持德育领先，培育红星学生；开展技能培训，培训红色技工。坚持"四大课堂"：德育大课堂着力提升学生的道德素养；技能大课堂重在培养学生的技能本领；准军事化大课堂让学生的规范意识、纪律意识更严明；社团大课堂让学生的特长得到尽情的发挥。"四大课堂"成就学生在职校的亮丽生活。

学校稳步推进"五步三化"教学模式改革，革新课堂教学，落实课堂管理，注重效果评价。今年，学校成功举办了2021年职业教育活动周活动，开放了校园，成立了新一届家长委员会；举办了教师教学成果展、师生风采展、学生技能展、提琴戏展、普职渗透座谈会、线上线下宣传展等活动，大力弘扬了劳动光荣、技能宝贵、创造伟大的时代风尚和工匠精神，全方位展示了崇阳县职业教育改革发展的办学特色和成果，营造了"人人皆可成才、人人尽展其才"的职业教育氛围。

学校始终坚持服务社会发展。一年来，学校职业技能培训中心开办了月嫂育婴、厨师、电子商务、养老护理、办公自动化等培训班和教育培训，共培训学员3200余人次，为农村劳动力转移和乡村振兴提供了技术支撑和人才保障。

崇德尚技育栋材，赋能提质兴职教。2021年是我校由规模办学向高质量发展的关键之年，是校企合作、产教融合的奋进之年，是争创全国优质中职学校的开局之年。2022年，新时期、新任务、新作为，全校教职工一定会认真贯彻党的十九大及十九届三中、四中、五中、六中全会精神，不忘初心，牢记使命，凝神聚力，奋发有为，履职尽责，努力办好人民满意的职业教育，为推进落实职业教育的提质培优行动计划再做新贡献。

2021 年 12 月 16 日　　星期四　　阴

爱的奇迹

朋友家养了一条狗，狗很乖巧，但主人家所在的小区禁止放养宠物，无奈之下，他想：把狗扔在荒郊野外，怕它成了流浪狗，于是扔在十里开外的偏远小镇上。他想小镇上人流量多，总会有好心人把它养起来的。出人意料的是,朋友扔了三次,狗都自己找回来了,朋友被狗的忠心感动了,再也舍不得扔了。

几个月后,狗生了几只狗崽,朋友一家人很高兴。母狗对狗崽格外疼爱,经常带着它们出来兜玩。天有不测风云,一天,天快黑了,狗妈妈趔趔趄趄地回来,朋友心慌了,莫不是吃了什么东西中毒?朋友的妻子叫来了兽医,等医生来到时,狗妈已爬不起来,脚都僵硬了。医生摇摇头,走了!

朋友心里很难过,狗崽还没长大,狗妈就要远去了,太可怜了。就让狗妈和狗崽住最后一个晚上,明天再去好好安葬母狗吧!

第二天一大早,朋友怀着无比悲痛甚至极不情愿去面对的心情勉强来到了狗窝旁,令朋友不敢相信自己眼睛的是,狗妈和狗崽其乐融融地在一起,朋友惊呆了!随即肃然起敬,这就是母爱,人间的至爱!是爱,是真情,挽救了死亡边缘的母亲的生命,造就了生命的奇迹。

2021 年 12 月 17 日　　星期五　　晴

校企合作有突破

昨天晚上,文昌印务的老总戴俊辉邀请我们到他的企业做客,我们参观了这位民营企业家的工厂流水线,感受了崇阳工业园区知名企业的文化,更多的是表示对戴总发展实体经济的肯定和关注。

职业教育的根本宗旨是服务区域经济发展,职业教育如果不融入企业这肥沃的土壤,职业教育之树一定长不成参天大树。崇阳企业的兴隆,也必将为崇阳职校的发展注入活力。

在晚宴上，戴总很热情，宰了企业自己养的猪，猪血汤格外可口，我不喝酒，破例晚饭吃得很饱，兴致上，谈到了企业人才储备和企业招工规划，如何与职校开展合作等等企业振兴热点问题。我们在很多方面达成了共识，如职校定期派老师和学生到企业实习实训，企业派工程师到学校讲座等，在校企共建、课程资源开发、人才培养方案上达成了高度的一致；在人才战略上，职校愿全力支持企业的发展。

2021 年 12 月 18 日　　星期六　　晴

与本地企业合作新模式

我校和文昌印务的戴总达成了以下企业人才储备合作意向：

一、文昌集团到崇阳职校作提前招工宣讲，高一至高三年级，愿意在高中毕业后不升大学到文昌集团上班的，可与文昌集团签订就业协议，文昌集团给予学生在读中职期间的学费和生活资助。

二、想升大学的继续升大学，但大学毕业后愿意来文昌集团就业的也可提前签订就业协议，协议明确工作职责、工资待遇、社会保障等。学生在读大学期间，文昌集团给予大学学费和生活费资助。

三、一二项连贯实施。

四、文昌集团和职校共同出台人才培养方案（方案中包括人才的人文素养和技能素养，课程方案等）。相当于文昌集团需要什么样的人，通过校企合作就能培养什么样的人。

这种合作方式有如下优点：

一是有利于产教深度融合。

二是有利于职业教育服务区域发展。

三是符合职业教育高质量发展的要求。中职、高职、本科纵向贯通，有利于培养高质量的技术技能人才。

四是有利于提高崇阳企业的人才质量，本地生源、本地培养、本地就业——家门口的人才更稳定。

推进的方式：

一、加强宣传、正确引导、提高认识。

二、规范流程、科学操作、讲求实效。

三、深度融合，完成目标任务。

四、2021年底做方案，2022年实施。

2021年12月21日　　星期二　　晴

汉字的魅力

赢为什么这么难写，亡、口、月、贝、凡，包含着赢家的五种意识和能力：亡，危机意识；口，沟通能力；月，时间观念；贝，取财有道；凡，平凡心态。

我终于理解了，具有这五种意识和能力，才是人生的赢家。汉字真是博大精深，一个字就把人生包含着这么丰富。

由此我也想到了两个字：安宁。宝盖头代表的是房子，房子里必须要有男和女才得以安宁，难怪人要成家，只有男女搭配才干活不累呀。

"婚姻"两个字，我算了两个字都是十一画，原来是代表"一生一世"的意思。

汉字是智慧和想象力的宝库，它有着无穷的魅力，前印度总理尼赫鲁说过这样一句话来盛赞中国的文字："它的每一个字，都是一幅美丽的画，一首优美的诗。"

2021 年 12 月 22 日　　星期三　　晴

为宜昌文明卫生城点赞

今天，我到宜昌参加全省中职校长国培计划——教学管理培训。记得上次来宜昌是 6 年前，这次来，宜昌给我别开生面的感觉。

我们一行三人大约下午 2：30 到的国贸大酒店，在宾馆小憩一下后，便到夷陵广场和江边逛了逛，直逛到晚上 9：00 才回酒店。一路令我们感叹的是逛了一个下午，我们没看到街上有一片纸屑、一片垃圾，每个路口都有警察站岗，每个红绿灯路口也都有穿志愿服的志愿者在站岗。我们想到江边玩玩，边逛边找，沿途问了一些市民，他们都很热情，从他们自然、亲和的脸上，我感受到了宜昌人民的幸福指数高。

街道上，不时有人在扫落叶，有洒水车在洗路。走在大街上，我们在前面走，后面一几辆车跟着我们在走，等我们发现时，原来是我们走错道了，小车司机没有鸣笛惊扰我们，而是默默地跟在后面。我看到路边停车位上停的车，车身都很干净，说明宜昌的空气质量很好。

无论是到商店买东西，还是上公共厕所，还是坐出租车，进入任何一个公共场所都要求必须戴口罩、扫健康码，充分说明了宜昌在防疫意识上是非常强的。

晚上我们在江边漫步，江边公园热闹非凡。最引人注目的是各种跳舞的健身团队。他们矫健的身姿，引来不少游人驻足观看。一个老头趁着天黑，用一个小兜网在网鱼，旁边马上有热心市民大喊："江里不准捞鱼！"一下把老头吼走了，足见宜昌人民对长江的保护意识是自发而又强烈的。

反思我们育人的学校，多则几千人，少则几百人，为什么就不能做到文明卫生呢？学校是教书育人的场所，应该比城市街道做得更好。

2021 年 12 月 23 日　　星期四　　晴

感 悟

有的人，一副善相，内心却丑恶无比

有的人，一副恶相，内心却善良无比

人不可貌相

有的人，你帮了他的忙，他还要返咬你一口

再现农夫与蛇的故事

有的人，你从没帮过他，他却愿为你铺就大道

他，是你生命中的贵人

人性的险恶与善良

人性的黑暗与光明

全在咫尺之间

就在你我之间

没有洞悉人内心世界的眼力

一不留神就会掉入泥潭

直至让你窒息死亡

内心光明磊落，不以恶者为伍

看破世界红尘，保持内心高洁

方是制胜之道

2021年12月27日　　星期一　　晴

工作实绩自评

身为职校校长，本人始终坚持遵循职业教育的发展规律，读通读透各级职业教育的有关文件精神，结合崇阳区域特点，培养技术技能人才，对接地方产业，服务新行业。

同时大力开展职业教育技能培训，促进地方人才就业创业。积极争取各级政府和职能部门的支持，紧密和工业园区各企业合作，助推崇阳经济发展。积极发挥地方优势，让能工巧匠、地方优秀传统文化进校园；推进产教融合，让企业工程师、企业车间进校园，正在取得实质性的成效。学校正迈步在职业教育提质培优的路上，为崇阳经济高质量发展作出积极的贡献。

2021年12月30日　　星期四　　晴

做最好的校长　办最好的职教
——2021年度校长述职述廉报告

我的心里，藏着一个字："赢"。这个字是我的座右铭，并一直激励着我不断提升自我，努力搞好学校的各项工作。"赢"字由"亡、口、月、贝、凡"五个字组成，我认为它包含了一个教育管理者必备的五种意识和能力：亡，危机意识；口，沟通能力；月，时间观念；贝，取财有道；凡，平凡的心态。

强者生存、弱者淘汰，我时刻充满危机意识。为了让自己不落伍，我坚持读教育名著，亲近教育大师，始终以先进的教育思想引领学校发展；为了让教师不落伍，我特别注重教师的成长进步，着力培养"双师型"教师；为了让职校不落伍，我坚持提质培优，注重创新发展。我校坚持全员育人、全过程育人、全方位育人，积极改变育人方式、优化育人环境，推行准军事化管理，落实全员责任，最大限度地消除了学校安全危机。

沟通，有利于形成共识、抱团发展。有时候我们不是不会做事，而是形成共识的过程太漫长而贻误了发展机遇。与上级组织沟通好了，你会得到领导的信任；与下级组织沟通好了，你会得到群众的支持，在职校这个舞台上，我的沟通能力得到了极大的锻炼。我经常听取一线声音，做到从群众中来，到群众中去，团结所有老师，形成学校发展的强大合力。

时间对每个人都是公平的，每天都是24小时，就看你如何去珍惜。八小时之内，我坚守岗位，担当作为；八小时之外，我不打牌赌博，不抽烟喝酒，不浪费光阴。我坚持写教育日记，反思工作，提升自己。人类进步一日千里，职业教育改革日新月异，你一不留神就会落后于别人，我哪有精力和时间浪费在一些毫无意义的事情上呢？

面对学校的项目资金、面对招标采购，我总有如履薄冰之感。资金管理严格遵守相关法律法规，严格遵守中央八项规定。我有一个幸福的家：上有健康的母亲、中有贤惠的妻子、下有聪明的儿子，难道我会为了一己之私而毁了一家人的幸福吗？财务是学校隐形危机，只有大公无私、管理规范，才能行稳致远！

一个人有什么样的心态就有什么样的生活状态。热爱生活，低调做人、高调做事是我的修身原则。我不求做官，但求做教育的良心事；我不求功利，但求遵循教育的规律和学生的成长规律；我不求功德无量，但求在崇阳教育前进的路上，有我的一份贡献和力量。

2021年，我校党建工作赢得了上级党组织的充分肯定。学校党总支部将党史学习教育活动作为加强学校党的建设和思想政治教育工作的重要内容、作为坚持立德树人根本任务、培育职业技能人才的重要举措。采取集中学习与分散自学的形式组织全体党员教师深入学习习近平新时代中国特色社会主义思想。全校党员政治理论学习做到往心里走、往实里走，学有所得，学有所悟。

2021年，我校赢得了社会的普遍认可，第一次解放了招生，告别了"历尽千辛万苦、踏遍千山万水、走进千家万户、道尽千言万语"的"四千万"艰难历史，实现了由规模办学向内涵发展的转变，走向了提质培优的快车道。

2021年，学校职业技能培训中心开办了月嫂育婴、厨师、电子商务、养老护理、办公自动化等培训班和教育培训，共培训学员3200余人次，为农村劳动力转移和乡村振兴提供了技术支撑和人才保障，赢得了《学习强国》的强力推荐。

2021年，我校赢得了兄弟学校的青睐，技能高考本科上线率达80%以上，专科上线率100%，技能大赛走在全省前列，"1+X"证书工作是全市中职学校之最！

2021年，我校被教育部定为"中华优秀传统文化传承学校"。崇职提琴戏是国家级非物质文化遗产，传承地方优秀传统文化是我校义不容辞的责任。我校被授为崇阳提琴戏特色学校，学校成立了班子，搭起了台子，聘请了12名提琴戏教师，开设了提琴戏剧班。

2021年，我校赢得了省教育厅的高度重视，在教育部《提质培优三年（2020—2023）行动计划》中，我校被省教育厅提名为"全国优质中职学校"！学校正在争创"全国'双优'中职学校"。

2021年，我校"三个一批"赢得服务乡村振兴的胜利。一是开设了一批本土专业，让职校专业对接地方产业，如农学类中药材、种植、养殖等；服务类养老服务、育婴师、家政服务等；产业类电子电工、机械制造、汽车维修等。二是开展一批培训项目。开展了农村电商、致富带头人、村级办公自动化、扶贫车间学徒制培训等项目。三是打造了一批能工巧匠。让能工巧匠进校园、企业车间进校园、企业工程师进校园，让职业教育直接服务乡村振兴，服务产业发展。

"问渠哪得清如许，为有源头活水来。"过去的一年，收获颇丰，新的一年，我将更加意气风发。

2022 年 1 月 1 日　　星期六　　阴

崇阳职校 2022 年工作要点（21 条）

2022 年我校以三个重磅文件为指引：《国家职业教育改革实施方案》，《提质培优三年（2020—2023）行动计划》，中共中央办公厅、国务院办公厅《关于推进职业教育高质量发展的意见》，重点落实以下二十一项工作：

一、坚持党建引领。深刻领会党的十九届一中、二中、三中、四中、五中、六中全会精神，将学习付诸实践行动，让"四红"党建更具特色，喜迎党的二十大。

二、坚持立德树人。坚持德、智、体、美、劳全面育人，制定并落实崇阳职校学生毕业标准。探讨"三全育人"新举措，"四自"德育（即自信、自律、自主、自强）、月月德育，确保内容实在，成果显现。

三、三教（教师、教材、教法）改革更加深入，教学成果更卓著。教师、班主任、各专业学生参加国家、省技能大赛能拿奖；校企合作开发教材；"五步三化"教学改革成果显现。加强师德师风建设，抓好教师培训学习和成长档案，成立1—2个名师工作室。

四、专业建设。专业设置与调整：2022年新增人工智能大数据、康养、新能源汽车、乡村振兴四个专业。让专业紧密对接地方产业。三个部各专业全面发展，各部重点建1—2个优质专业。各专业招生设门槛，提高招生质量。

五、落实提质培优29项对接任务。落实具体人、落实责任、落实进度。

六、争创"全国'双优'中职学校"。成立"双优"创建办公室，成立专班，落实任务和进度。

七、健全全国中职管理信息系统。全面推进学校信息化工作。

八、服务地方发展工作。1.重视服务乡村振兴工匠人才培育工作，引进能巧匠进校园；2.积极参与招商、提高招商引资工作成效。

九、岗位实习工作，落实《职业学校实习管理规定》，做好职业教育服务地方产业发展的工学结合工作。

十、产教融合工作，加强与企业的深度合作，办校中厂、厂中校，建1-2个产教融合示范基地。

十一、技能大赛工作，积极参加省、市各专业技能大赛，力争2022年技能大赛获国家级大奖。

十二、传承提琴戏工作。建提琴戏演播厅，成立提琴戏剧班，教唱提琴戏、编精品提琴戏节目，在全校推广戏曲广播体操。

十三、学校工会、团委工作有特色。社团活动更加深入，积极开展有意义的工会活动，增强教职工凝聚力。

十四、技能高考工作。抓好高三复习备考，2022年技能高考成绩突出，职业本科创新高。

十五、安全教育。1. 校园安全管理常态化；2. 网络舆情安静；3. 扫黄打非工作持续；4. 确保学生身体和心理健康：建好医务室和心理健康成长室，定期开展工作；5. 落实常态化的家访制度。

十六、培训工作。扩展培训项目，积极对接各科局培训业务。

十七、宣传工作。充分利用微信公众号，多种媒体宣传学校，特别重视抖音工作，培养崇阳职校的网红，壮大抖音公众号的功能。打造书香校园。

十八、规范财务管理，抓好学生资助工作，用好奖补资金。

十九、抓好后勤服务保障工作。规范食堂、超市管理。

二十、疫情常态化防控工作常抓不懈。

二十一、精心做好5月份职业教育活动周工作和年终办学成果展示活动。

2022年1月2日　　星期日　　晴

在崇阳职校2021年度办学成果展示活动上的致辞

尊敬的各位领导、老师们、同学们：

大家好！

时光壮丽，梦想前行。在2022年来到的美好时刻，我们相聚在一起，开展崇阳职校2021年度办学成果展示活动。我们共聚一堂，共叙深厚情谊，共忆办学成果，共绘美好未来，共谋发展大计。在此，我谨代表校党总支、校行政向各位领导、全体师生员工，以及长期关心和支持学校发展的社会各界人士，致以新年最诚挚的问候和最美好的祝愿！

追梦人不惧山高路远，奋斗者向往崭新高峰。回望2021年，有盛世的气象万千，有时代的日新月异，有生活的千姿百态，也有我们不变的梦想，更有对未来的无限期盼。2021年，我们在立德树人中发力,在创优争先中奔跑,在只争朝夕中奋进。我们把习近平新时代中国特色社会主义思想融进成长的课堂,把德技双馨、知行合一化成雨露缤纷学生的梦想,用人格本位多元成才涵养学生翱翔的翅膀。

我们不会忘记,在"同心战疫"的豪迈高歌中,我们防疫宣传全覆盖,多措并举强保障。严防死守,筑实战"疫"防控阻击坚强屏障;强化家校联动,高位推动,统筹兼顾,科学部署,错峰开学,确保了师生安全和正常的教学秩序。

我们深深记得,在"建党100周年"光辉华诞中,我校党建"四红教育"擦亮校园底色;党史学习教育活动如火如荼;党的十九届六中全会精神在全校掀起学习高潮;"五步三化"教学改革取得成效;产教融合,提升了学生综合素养。

这一年,我们一路点亮,一路绽放,一路引领,一路歌唱。以赛促发展,多名师生在各级技能竞赛中摘取桂冠;党建带团建,学校同时获得市县红旗团委称号;职业技能培训,助力乡村振兴提供人才保障;提琴戏特色教学叫响全国,学校被教育部定为中华优秀传统文化传承学校。

回顾2021,硕果累累,收获满满。展望2022,我们信心百倍,豪情满腔。我们将凝神聚力,真抓实干,奋力书写崇阳职业教育高质量发展的新篇章!

祝大家新年,工作顺利,学习进步,生活愉快,万事如意。

2022年1月5日　　星期三　　晴

年度办学成果展

今天,学校举办2021年度办学成果展,全体师生4000余人参加了成果展。

成果展以"崇德尚技,提质培优"为主题,通过现场展示、展演的方式进行,涵盖了"社团活动""技能大赛""演讲比赛""提琴戏""十星学生颁奖晚会"等内容,旨在更好地宣传学校,集中展示学校一年来的办学成果和办学特色。

这次展示由特色鲜明的社团活动拉开序幕,学生社团进行了太极、篮球、气排球、乒乓球、足球、书法等6项展示。各展区创意独特,通过节目表演、作品展示亮出社团品牌,彰显丰富活泼的校园文化。

学生技能大赛暨"工匠之星"评选决赛活动气氛紧张,竞争激烈。赛项包括汽车"1+X"二级维护、机械数控铣、电子电力拖动、会计点钞、平面广告设计、计算机C语言、酒店管理中餐摆台、园林嫁接技术、幼儿保育简笔画等共计32个赛项,丰富多彩的技能课程,充分展现了职校为满足学生个性需求,开设的多样化课程的教学成果。

在下午举行的演讲比赛暨"阅读之星"评选决赛中,15名决赛选手或深情款款或慷慨激昂地演绎了《致青春》《将进酒》《啊,母亲》等精彩选段,真挚生动的语言扣人心弦,充分展示了中国语言的魅力,赢得在场师生的阵阵掌声。

学校提琴戏入选第三批"全国中小学中华优秀传统文化传承学校传承"项目。本次提琴戏展演在阵阵锣鼓声中开场,几个戏服扮相的学生一登台就点燃了现场的热烈气氛,学生演员有板有眼的生动演绎博得现场师生点赞叫好。

展演活动在"十星学生颁奖晚会"中被推向高潮。广大师生欢聚一堂,载歌载舞。《鼓舞盛世》《妈妈的味道》《跨越时代的对话》《映山红》等文艺节目涵盖舞蹈、合唱、歌伴舞、朗诵、话剧、小品、T台秀、乐队演奏等,形式多样、丰富多彩的表演,主题鲜明、高潮迭起,掌声欢呼声不绝于耳,给在场观众上演了一场视听盛宴。颁奖晚会上，学校为荣获"十星学生"称号的学生颁发了奖状。

2022 年 1 月 7 日　　星期五　　阴

校长应练就"五力"

我认为一个好校长应练就"五力"：脚力、眼力、脑力、嘴力、笔力。

脚力就是要勤跑腿，实行走动管理。校长不能只坐在办公室，更不能一杯茶、一支烟、一张报纸看半天。校长勤腿，能发现一线问题，掌握一手材料，抓工作切中要害。

眼力就是要多观察，多发现问题，透过现象看本质，透过本质寻根源，穿透力的本领来源于事业的高度责任心和见微知著的洞察力。

脑力就是要多思考，多出点子，脑子越用越灵，思维越思越密，勤用脑，能提升应变能力。

嘴力就是讲话要说到点子上，说到要害上，说到老师的心坎上。校长要锤炼演讲的本领。

笔力就是要多写反思，多总结提升。学校工作能提纲挈领，胸有文脉、心有丘壑。

2022 年 1 月 10 日　　星期一　　晴

安全工作警钟长鸣

本学期，学校政教处围绕学校中心工作，结合专业特点，着眼于学校安全管理制度的建设、落实和实施。各处室各部各班加强安全专项教育，紧盯学生在校日、离校时、放假日、返校时等关键时间节点，强化防溺水安全教育，密切与家长沟通，督促家长加强对学生离校期间的监管，对孩子行踪上做到"知去向、知同伴、知内容、知归时"，严防溺水事故发生。

为深入贯彻落实全县学生心理健康教育工作会议精神，筑牢学生心理安全防线，践行"生命至上"理念，保障学生健康、阳光、快乐成长，防范学生心理因素诱发伤害事故的发生，我校开展了以普访、重点访、书信访为主要内容的"三访"活动。

学校制定了工作方案，成立以校长为组长的"三访"工作领导小组。按照工作要求，政教处、各部、各班认真落实工作方案、做好活动台账、活动记录和家长反馈等工作。"三访"和心理摸排覆盖全体学生，不漏一人。

"三访"活动开展，让学校和家庭更为紧密，完善了以家庭为基础、以学校为中心的学生心理健康教育防护工作格局，增进了教师、家长、学生之间的感情，增强了防范学生心理因素诱发伤害事故的针对性和实效性，促进了家庭和谐、校园和谐、社会和谐。

2022 年 1 月 11 日　　星期二　　阴

创无疫校园　保师生平安

我校积极贯彻落实上级有关防疫文件精神，把疫情防控作为首要的政治任务，统一思想，积极应对，精准施策，扎实推进疫情防控工作，成立传染病防控工作领导小组，由校长任组长，副校长任副组长，中层干部和班主任为小组成员。设立健康办公室，设置医务室，由专人进行日常防控工作的管理和安排，并对全体小组人员进行明确分工，做到人人参与，责任分明。我校认真传达上级疫情防控工作部署和要求，完善疫情防控方案、预案、制度。建立了学校、班级、学生、家长的联系网络，积极了解师生的健康状态和外出情况，落实了零报告和日报告制度，完善师生因病请假和跟踪登记、复课证明等工作环节，及时向上级主管部门汇报学校防控动态。

做好师生疫情摸排，确保防控工作落到实处。根据上级要求，我校对新生进行了健康体检，对全体教师职工进行了结核病排查，所有发热师生必须到医院进行核酸检测，同时由健康办公室牵头针对排查发现的问题及时采取防范措施和治疗监督，精准掌握师生的假期去向、身体健康状况（每日体温状况、是否从疫区返崇、是否近距离接触发热、咳嗽症状的患者情况）。抓好防控物资保障，严格实行定期消毒制度。严格校园进出人员管理，实行 24 小时封闭式管理。因工作和施工等原因必须进入校园的校外人员必须戴口罩、登记并进行人体测温。

为保障学生和老师的身体健康和生命安全，学校有序组织全体教职员工接种三剂新冠肺炎疫苗，目前已基本接种到位。根据上级工作安排，认真落实每周的抽测工作。

2022 年 1 月 12 日　　星期三　　阴

有什么样的成长土壤就有什么样的孩子

深冬，正是萝卜丰收的季节。家里有两袋萝卜，一袋是岳父岳母在佛岭种的，水分多，实心，好吃；一袋是我母亲在大脚山下种的，大部分都空心了，不怎么好吃。岳父家拿来的萝卜几天就吃完了,而我母亲种的几乎没人动,直至水分干了,后被拿到姨妈家去喂猪了。

我一打听,岳父家的萝卜种在小河边的潮土里,而我母亲种的萝卜种在大脚山的马甲土里。土壤不同,生长环境不同,味道决然不一样,种在潮土里的,人家抢着吃,种在马甲土里的只能喂猪。我想如果猪同时吃两种萝卜,也一定喜欢吃潮土里的。

教育何尝不是这样的呢?家庭环境不同,所处的学习环境不同,孩子成长就不一样,但凡家庭环境好的孩子,必定处在一个好的成长土壤中,孩子成功的机会多。留守孩子,离异家庭孩子,单亲家庭孩子,没人为他们营造好的成长土壤,这样的孩子很难教育,成才的机会少多了!

学校教育,班级教育是同样的道理,校长和老师要极力营造好的学习环境,让学生成长的土壤充满营养,有什么样的成长土壤就有什么样的孩子。

2022 年 1 月 13 日　　星期四　　晴

两棵樟树

我家住在四季花城,所住的 21 栋下面有一个微坡,坡上坡下各有一棵樟树,坡下的樟树叶发黑,枝繁叶茂;而坡上的樟树叶发黄,稀稀疏疏的,显得营养不良。

坡下的土是填充起来的,土质膨松,而坡上的土紧紧的,有点板结。凡枝繁叶茂的树,其根一定扎得很深,它能充分吸收土壤中的矿物质营养,叶茂则植物的光合作用强,制造的有机物丰富,能充分营养枝和根。坡上的土质差,营养不良,根扎得浅,当然生长得差了。

教育何尝不是这样呢？我们不仅要营造孩子成长的优良环境，更要让学生有扎实文化基础知识，要像坡下的樟树，打牢基础扎深根，技繁叶茂学业强。

2022 年 2 月 13 日　　星期日　　阴

崇阳职校学生毕业标准

我校打算制定一个学生毕业标准，没有达到这个标准的学生就不能毕业，以此提高我校的办学质量，提升办学品位，增强社会认可度。

这个标准从"德、智、体、美、劳"进行全面育人评价，试行从以下十个方面评价，总分 150 分。

一个优秀的道德修养（德）10 分

一份无违法犯罪的记录（德）10 分

一份合格的文化课成绩单（智）20 分

一项过硬的专业技能（智）50 分

一项必备的游泳技能（体）10 分

一份合格的体质指标（体）10 分

一种尚美的高雅情趣（美）10 分

一项积极的社团活动（美）10 分

一次合格的岗位实习（劳）10 分

一次成功的职业体验（劳）10 分

2022年2月18日　　星期五　　阴

工匠大楼功能多

2021年,学校争取国债资金2000万元,新建工匠大楼并交付使用。大楼功能如下：一是用于学生实习实训,提高学生动手能力,提升学生职业技能。二是用于开办能工巧匠工作室,引进能工巧匠进校园,更好地培养服务区域经济发展需要的技术技能人才。

2021年年底,经过学校实地考察和调研,联系上了多个行业的名师,分别是当地篾匠、雕匠、木匠、石匠、铁匠、花卉师、麻花制作师、灯笼裱糊师、焊接工、汽车维修工、崇阳武术大师等,学校向大师颁发聘书,引进能工巧匠,形成了优良的专职兼职教师团队。学校积极落实工作室和培训室的建设,组织人员参加培训,为崇阳乡村振兴的乡土人才建设贡献力量。

2022年2月21日　　星期一　　阴

"双优"中职学校建设基础（10条）

崇阳职业技术学校地处湘鄂赣三省交界的红色幕阜山区,美丽的隽水河畔,是一所由政府主办的全日制普通中职学校。现有机械加工技术、园林艺术、汽车运用与维修、电子技术应用、计算机平面设计、幼儿保育、会计等15个专业。学校坚持"人格本位,多元成才"的办学目标和"理实一体,德技双馨"的办学思想,办学实力不断提升。学校先后被评为"全国教育系统先进集体""全国职业教育先进单位""全国国防教育特色学校""国家中等职业教育改革发展示范学校""全国青少年校园足球特色学校""全国中小学中华优秀传统文化传承学校"。

（一）学校坚持正确的办学方向，紧扣时代脉搏，落实立德树人根本任务，确立"理实一体，德技双馨"的办学理念，遵循"以生源为根基，以师生为本位，以德育为首位，以安全为保障，以规范为抓手，以质量为命脉，以特色为重点，以文化为先导，以创新为动力，以发展为根本，以就业为导向，以服务为宗旨"的办学原则，树立"劳动光荣，技能宝贵，创造伟大"的办学信念，奉行"崇德、尚技、多元、创新"的校训，形成"严谨、务实、积极、包容"的校风，"爱岗敬业、因材施教"的教风和"勤奋自主、精益求精"的学风，促进职业教育服务区域经济发展，让人民满意，让每一个学生都有人生出彩的机会。

（二）学校党总支努力加强党组织建设，充分发挥党组织的战斗堡垒作用和党员的先锋模范作用，始终围绕学校中心任务，高标准、严要求，以党的建设促进和带动学校全面发展，建好"四红"教育阵地，打造红色校园；开展星级竞赛，评比红旗教师；坚持德育领先，培育红星学生；开展技能培训，培训红色技工，促进了学校发展，办学品位稳步提升。

（三）创新德育模式。多年来，学校集全体教育工作者之智慧，脚踏实地，大胆创新，在校内以课堂为主渠道，教育、引导学生成长进步；在课余，创造适合学生的成长环境，组织丰富的成长活动；在校内外搭建社会、家庭、学校一体化德育网络，落实了全员育人、全过程育人、全方位育人举措，开创了我校德育工作的新局面。我校搭建学生自治成长平台，突出学生自我管理；开展"四自"德育，即自信、自律、自主、自强，践行月月德育；构建和谐文明校园，开展"十星学生"评选活动，激励先进，树立典型。面向全体学生持续开展"文明风采"活动，坚持活动育人、实践育人、以文化人。

（四）"三教改革"持续深入。学校通过高学历人才引进、事业单位招考、在师范类应届毕业生中招聘、在中小学在职教师中选拔等方式不断充实教师队伍；通过国培、校企合作、产教融合等方式打造双师型教师队伍；学校与企业、行业共建，开发校本教材；学校构建了"五步三化"教学模式（五步，即示标、预习、展示、反馈、反思；三化：即信息化、趣味化、探究化），努力打造高质量课堂，教育教学质量得到了明显提高。

（五）产教融合、校企合作成效显著。学校充分利用合作办学企业的设备、场所和人才优势，在专业建设、培养计划、课程建设、师资建设、教学改革、课题研发、实习实训、订单培养等多方面全面开展校企合作，形成了人才共育、过程共管、成果共享、责任共担的校企命运共同体。

（六）服务发展成效显著。为培养服务地方发展的技术技能人才、能工巧匠、大国工匠，助力乡村振兴，学校大力开展职业技术培训活动，主动对接本地各科局，承接培训任务；积极对接新产业，扩大培训业务；与企业、行业合作开发新课程，增强培训效果；正确研判行业需求，提高培训就业率。每年培训人数在校学生数的2倍以上。

（七）办学条件符合中职学校办学标准：教学大楼、实训楼、培训楼、学生公寓楼鳞次栉比；足球场、篮球场、乒乓球场、羽毛球场一应俱全，新建工匠大楼12600平方米，新建学生风雨操场3600平方米；各专业实训室、功能室、产教基地功能齐全。汽车运用与维修专业建有3000平方米大型产教基地，共有8个培训考核区。机械加工技术专业建成普车、普铣、数控车、数控铣、钳工实训室各1个，理实一体化实训室3个，机械加工中心1个，模具设计与制造技术车间2个，精品广告设计室1个；建有汽车运用与维修、幼儿照护、界面设计3个"1+X"证书制度试点标准实训室等等。

（八）专业建设有特色。学校成立由领导、教研室、学科带头人、专业骨干教师，行业专家及企业管理人员、一线技师、高校专家组成的专业建设指导委员会，制定了《崇阳职校专业指导委员会工作章程》，指导学校各专业建设和发展。各专业制定专业发展标准，以全面提高学生素质，满足企业岗位能力要求为目标，契合技能大赛和技能高考要求，改革人才培养模式，形成"一专一特"，打造专业品牌。专业书证融通有起色，建立1+X人才培养方案，学校已成功申报了汽车运用与维修、数控车铣加工、幼儿照护、界面设计等职业技能等级培训，为学生能就业、就好业提供了技术支撑。

（九）传统地方文化有气候。崇阳是艺术文化之乡，崇阳提琴戏已有100年历史，2008年被中宣部、财政部、文化和旅游部和国家文物局评为第二批国家级非物质文化遗产。为了传承和发展崇阳地方优秀文化——提琴戏，突出职业教育特色发展，学校成立崇阳职校提琴戏特色学校。在县委宣传部、县文旅局、县教育局、县提琴协会的关怀指导下，学校努力打造崇阳提戏师生团队、编排特色剧目，培养优秀演员，并努力实现"七个一"目标。目前已编制了一本提琴戏校本教材，有一支15人的专兼教师队伍，建成了一个集展示和排练为一体的提琴戏文化展演厅。

（十）学校发展有保障。崇阳县委县政府对职业教育高度重视，与普通教育相比，政府在教师招聘、经费投入等方面对职业教育都给予倾斜；老百姓对崇阳职校高度认可、信赖，为崇阳职校的发展奠定了厚实的群众基础；崇阳职校的孩子对学校高度热爱，为崇阳职做强做精奠定了坚实的生源基础；学校财务、资助管理规范，后勤保障有力，为学校高质量发展巩固了后方。

2022年2月22日　　星期二　　晴

"双优"学校创建目标

一、总体目标

构建德智体美劳全面发展的人才培养体系，创新"德技双馨、知行合一"的人才培养模式，贯通学历教育和社会培训，打造技术技能人才培养高地，提升人才培养质量。打造双师型教师创新团队，对接高端产业和产业高端，每个专业部打造1—3个优质专业，构建技术技能创新服务平台体系，创新产教融合模式，提升校企合作水平，大力提高人才培养与产业的契合度、技术研发服务能力和社会服务能力，大幅度提升崇阳职校服务区域经济社会发展的水平。形成系列制度、开发系列标准、创新多种模式，引领职业教育改革创新，支撑职业教育高质量发展。

二、具体目标

坚持党建引领，搭建"四红"平台，全面提升党建水平；坚持立德树人，形成"三全"育人合力，落实"四个"育人；围绕产业建专业，围绕专业设课程，构建"三位一体"的实训教学体系，提高学生实践能力；坚持"三教"改革，转轨"双导向"，实现"岗、赛、课"与课程融合；着力培养"双师"，重点打造省县级名师和各专业学科带头人，建设一支师德高尚、结构合理、素质优良的成长型教师队伍；深化产教融合，做实校企合作，坚持"五业联动"，聚焦技术技能人才培养；围绕"四个"职能、"三个"服务，建立一体化的数字化校园；依法治校，依规管人，依章行事，不断推进学校治理体系；坚持特色兴校，创新"一体五翼"特色的校园文化；依托资源，面向"三农"，服务地方经济，为乡村振兴提供持续动力。

校长日记　135

2022年2月24日　　星期四　　晴

"双优"创建——落实立德树人根本任务

目标任务：

把立德树人作为教育的根本任务，以"四自"德育、月月德育为抓手，扎实开展理想信念教育、社会主义核心价值观教育、中华优秀传统文化教育、社会主义先进文化教育，以文化育人、课堂育人、军风育人、三全育人、四自育人、十星育人为载体，努力培养有老总理想、有专家技能、有军人规范、有工匠精神、有多元知识、有跨界思维、有高尚品德、有综合素养的新型技术技能的"八有"人才。

工作措施：

1. 文化育人。打造科学的制度文化，完善学校各项管理制度，修订《学生管理办法》，制定学生毕业标准；营造社会主义核心价值观文化，引进革命文化、地方传统文化和企业先进文化，在教室、寝室、实训室、走廊、楼道、围墙、宣传栏等场所布置育人环境；创建文明校园，校园干净整洁，育人内容丰富，师生言行高雅；月月有德育活动，媒体有宣传，电子屏有显示，育人氛围浓厚。让学生在润物无声的育人环境中自然成长。

2. 课堂育人。落实思政课堂、课堂思政。配齐思政课教师，建立思政课教师研修基地，培养思政课教学创新团队，开齐开足思政课；在文化课和专业课中渗透思政元素，将思政教育与专业教育两者有机结合与统一，形成多元化教学结构和多方位共育网络；创建名班主任工作室，以学生为主体，创设符合学生实际的思政课程，打造思想政治示范课堂并推广优秀的思政教育典型案例；定期开设德育大课堂，通过法制讲座、安全知识讲座、心理知识讲座、文明礼仪讲座等提高学生的法律意识、安全意识和文明道德意识；以体育课、心理成长课、职业生涯课为载体，引领学生树牢正确的人生观、世界观和价值观。

3. 军风育人。创新德育途径，引进准军事化管理，培养学生行为规范意识，培植爱国情操。每学年从退伍军人中聘请20位优秀的年轻军人组建训教中心，以训促管，以管促教，以教促学，全面打造学生"听党指挥、能打胜仗、作风优秀"的军人作风，把军人的好作风、好传统植入学生职业技能生涯中，培养中国特色社会主义合格接班人。

4. 三全育人。即全员育人、全过程育人、全方位育人。从最后一名学生抓起，以职业本科为引领，不放弃对每一个学生的培养，道德积分人人达标、技能提升人人参与、学生毕业标准人人合格、中职学生资助人人享受；德育教育课内课外一条龙，白+黑、5+2无空档；家校共育、警校共建、社会文化共享，学校文化育人无死角，思政课程见知著。

5. 四自育人。针对中职学生生活缺乏自信，面对社会各种诱惑缺乏自律，学习不能自主、总认为比普高低一点不能自强，我校提出"四自"德育，即"自信、自律、自主、自强"，挖掘"四自"素材，编写"四自"教材，开设"四自"课程，开展"四自"德育成果展。

6. 十星育人。学校开展"十星学生"评选活动，即工匠之星、孝雅之星、文明之星、劳动之星、阅读之星、礼仪之星、卫生之星、公益之星、书法之星、进步之星，以评促提升、以评促发展，在每年的元旦举行"十星学生颁奖晚会"。

2022 年 2 月 26 日　　星期六　　晴

学生为啥都升学

　　我校每年上千人的毕业生中，除了极少数就业外，大多都是升学。原因有五：

　　1. 中职学生毕业后升大学的途径非常畅通：有技能高考、单招、扩招、"3+2"贯通四条路径，且升大学门槛低。

　　2. 高职扩招政策。扩招范围扩到了无犯罪记录的社会人员、农民工、企业职工、退伍军人、高考落榜生。

　　3. 国家职教高考制度不断完善，上大学的路便捷。

　　4. 国家对职业教育定位为："职业教育发展基础在中职，主体在高职，引领在本科"，中职、高职、本科已实现了一条龙贯通。

　　5. 崇阳老百姓对孩子期望值高。高中毕业孩子在 18 岁左右，在很多父母看来，孩子的心智还不成熟、还不懂事，不愿意放入社会。

2022 年 3 月 5 日　　星期六　　阴

立足区域　服务发展

　　3 月 2 日，我校召开了以"立足区域，服务发展，打造校企合作命运共同体"为主题的校企合作推进会。来自正大集团、湖北稳健、文昌印务、冰丰食品、湖北中健、兴民钢圈等 14 家企业的代表共计 30 余人参加了会议。会议旨在推进校企合作与交流，建立以共同育人、合作办学、共建机构、共享资源等方式的双赢机制。崇阳县经济开发区、崇阳县教育局的有关领导出席了会议。

会上，企业代表与职教人围绕如何贯彻落实国家职业教育相关政策，打造校企合作命运共同体等方面工作进行了交流与探讨，并达成共同意向。拟成立"崇阳县职教联盟"，由经济开发区、教育局、知名企（事）业单位、职校等组成成员单位，定期召开联席会。为服务地方企（事）业发展设立实习岗位，开展工学结合，与企业搭建人力资源应急体系；职校为企业开办订单班，建校中厂、厂中校，引进企业师资、企业车间进校园，开展现代学徒制培训，构建校企双元育人模式。

会议达成共识，我校积极与企业开展双边多边技术协作，共建技术技能创新平台、学校在企业设立实习实训基地。合作企业深度参与职业教育专业规划、课程设置、教材开发、教学设计、教学实施，共建新专业、开发新课程、培养新人才，努力实现校企双赢。

县经济开发区和县教育局的有关领导先后提出具体要求，并指出，职业教育应为服务地方经济发展做贡献，职校主要任务是培养德技双馨的专业技术技能人才，要与时俱进，解放思想，职校专业设置要与本地工业园区进行有效对接并适时调整，工学结合遵循就近就地原则，服务本地企业。合作企业担负起共同培育职业技能人才的重要责任，保证学生在企业实习时的健康安全与相关权益。

这次校企合作推进会进一步明确了合作方向，进一步深化了产教融合，实现了资源共享、优势互补，为区域经济发展提供了强大助力。

2022 年 3 月 13 日　　星期日　　阴

送给中层干部三句话

第一句是"珍惜平台，没有平台你什么都不是"。能进入行政圈子都是很不容易的，很多人都想进这个圈子，但职位有限进不了。希望大家珍惜现有的平台，争取在考核的时候，个个都是优秀。但平台不是权力，不是权势，更不代表威望，平台是你人生价值的展示台，威望是你的言行、你的综合素养在群众中受人尊重的程度。

第二句是"不要把平台当作你的能力，领导、同事、群众对你的认可来自你的人格魅力"。干部有人格魅力，威性就高。当官一阵子，做人做事一辈子，别人对你的认可度不是看你的位置有多高，干部有多大，而是看你的人格魅力有多强，情商有多高，业绩有多突出。低调做人、高调做事，地低为海、人低为王。有人下台了，人们怀念他一辈子；也有人下台了，人们恨他一辈子不作为、乱作为。请大家不要太在乎位置，而应在乎平凡岗位上的大作为。

第三句是"你的心态决定你生命的状态"。怨天尤人、唉声叹气只会自我消沉；热爱生活，积极上进，定会光彩无限。你的心态决定你工作、生活的状态。我们本着对工作高度负责的态度，推动学校发展，校荣我荣、校衰我衰，崇阳职校兴旺了，功劳簿上有你的名字；只有崇阳职校高质量发展了，你才是给崇阳教育交了一份满意的答卷！

2022年3月29日　　星期二　　阴

崇阳职校创"双优"优势、特色、机遇与挑战

一、优势与特色

（一）办学成绩斐然。学校先后获评"国家中等职业教育改革发展示范校""全国职业教育先进单位""全国教育系统先进集体""全国国防教育特色学校""全国青少年校园足球特色学校""全国中小学中华优秀传统文化传承学校"等荣誉称号。

（二）红色基因纯厚。崇阳县地处湘鄂赣红色革命老区，学校充分利用红色革命教育资源，赓续红色血脉，以"四红"教育为载体，打造红色校园、红旗教师、红星学生、红色技工，为技术技能人才种下红色基因。

（三）工匠精神突出。学校引进能工巧匠进校园，在工匠大楼成立了雕匠、木匠、画匠、鼓匠、刺绣、盆景大师、书法大师、武术大师、烹饪大师、提琴戏大师共10个工作室，开展社会培训和学生社团活动。

（四）校企合作深入。学校与18家企业（其中规上企业7家）签订了校企合作协议，建立校企命运共同体；依托崇阳职教联盟，开展"春风行动"崇阳职校专场，创新培养模式，为区域企业开展人才订单培养。

（五）育人文化浓厚。学校以社会主义核心价值观为主体统领校园文化建设，培育德智体美劳全面发展，具有中华文化底蕴、中国精神的新时代公民。传承红色基因，创新德育文化，植入企业文化，弘扬地方文化，发扬崇阳精神。

（六）服务产业精准。学校在校外建有12个产教基地和劳动实践基地，学生实习实训全在本地进行，实现了"教、学、研、

用"于一体。结合产业调整专业，以工学结合的方式解决企业短期用工紧缺的难题。

（七）赋能提质高效。2020年7月，国务院、教育部在湖北武汉召开了湖北省"职业教育赋能提质专项行动计划"推进会上，崇阳职校题为《开展职业技能培训 助推乡村产业发展》经验在会上交流，全省典型发言中职学校仅两所。

（八）办学条件过硬。学校办学条件达标，符合"双优"中职学校创建标准。

二、机遇和挑战

（一）习近平总书记对职业教育作出系列论述，职业教育前途广阔，大有可为，为职业教育发展奠定了新思想。国家对职业教育出台了一系列重磅文件，为职业教育发展指明了新方向。

（二）咸宁产业转型升级和经济结构调整不断加快，新产业、新技术、新业态不断涌现，对学校专业布局、专业群建设、人才培养模式改革提出了新要求。

（三）服务区域发展，推进校企合作，建立真正的校企合作命运共同体，为我们提出了新挑战。

（四）服务乡村振兴，培养服务县域发展的技术技能人才，要求我们要有新作为。

（五）身在山区、发展山区、打造山区县域职业教育样板，时代赋予我们新担当。

2022年3月30日　　星期三　　晴

崇阳职校创"双优"发展目标、思路

一、发展目标

全面落实习近平总书记关于加快职业教育发展的重要指示精

神,构建区域产业转型升级高度契合的专业群,打造优质专业,践行课程标准,办人民满意的中等职业教育。打造中等职业教育"鄂南特色",在鄂南职业教育改革发展中发挥示范引领作用,建成湖北省"三全育人"典型学校、职业教育信息化标杆学校,争创职业教育改革的"排头兵"、职业教育创新发展实践高地,支撑地方经济社会发展,把崇阳职校建设成为特色纷呈、行业认可、全省一流、全国领先的"双优"中职学校。

二、建设思路

学校秉承"德技双馨、知行合一"办学理念,构建德智体美劳全面发展的人才培养体系,创新人才培养模式,贯通学历教育和社会培训,打造技术技能人才培养高地,提升人才培养质量。坚持以服务地方经济建设和社会发展为己任;坚持以升学、就业并举为导向,以质量为命脉,以优质专业建设为基础,以"双师型"队伍建设为关键,以创新发展为驱动,以"双优"创建为契机,深化产教融合校企合作,全力推进优质学校和优质专业建设。实现学校在办学思想、办学条件、师资队伍、专业设置、课程体系、标准建设、三教改革、校企合作、社会服务、校园文化、内部治理等全方位优质发展。在服务国家战略,助力乡村振兴,融入湖北县域产业发展和县域中等职业教育改革创新中贡献"崇阳智慧"、提供山区县域样板!

2022 年 4 月 2 日　　星期六　　晴

"政校行企"三种生源模式

一、两后生生源:初中毕业生和高中毕业未升学而没有找到工作的学生。

二、企业员工，45岁以下，具有高中同等的学历，想通过上大学提高文化素养和技术技能水平的。

三、在校学生采取2+2+3模式，中间的两年在企业，后3年边工边读。

以上三种人挂有企业，由企业出资，学校培养，三种模式与咸宁职业技术学院合作，把大专班办在崇阳职校。

2022 年 4 月 16 日　　星期六　　阴雨

让学习发生在学习者身上

我从不拒绝学习，对学习从来是不过敏的，但曾经有一个培训学习活动让我感到很无奈。这个学习时间跨度是一个月，培训内容有点冗繁，长的一个视频达 67 分钟，大多学习视频是 45 分钟，一天一学就是几个小时，我哪有这么多长的时间来学呢？由于太长，很多时候学到一半，就来了电话，或是学校有事要处理而中断了，很难一次性学完一个完整的课程。我认为学习设计者是有问题的，没有从实际出发考虑很多学习者的工作实际。

两个月前，我老婆把我邀请进一个健康学习群，都是讲的一些与生活、与身体有关的健康知识，我学了又想学，一天不学还感到不舒服。

同样是手机视频学习，学习者的态度差距却是如此之大，为啥？我认为健康学习群符合了人们的心理，它设计的每一个学习内容只有 15 分钟左右，都是学习的精华，上上厕所、喝杯茶的时间就学完了，每次学习后的两道复习题：一道主观题，一道选择题，很轻松就做完了。内容学习完了计 100 分，题目做对了计 20 分，而且以累计积分排名公示，谁甘愿落后？于是这个群里学习气氛热火朝天，每天打卡，你追我赶，唯恐落后，一个月下来，我学到了终身受用的健康知识。后来，课程学完了，群体的人员倒不习惯了，吵着要群主再组织学习内容。

所以教学设计，要让学习发生在学习者身上，必须研究学习者群体时间观念，符合学习者心理特点的学习才是最好的学习。

2022 年 4 月 18 日　　星期一　　晴

崇阳职校 2022 年招生简章（学校简介）

湖北省崇阳职业技术学校是一所由政府主办的全日制中等职业学校。学校占地 275 亩，建筑面积 9.59 万平方米，在校学生 4000 余人，教师 205 人，双师型教师占比 85%。学校坚持"德技双馨、知行合一"的办学理念，坚持"以生源为根基，以师生为本位，以德育为首位，以安全为保障，以规范为抓手，以质量为命脉，以特色为重点，以文化为先导，以创新为动力，以发展为根本，以就业为导向，以服务为宗旨"的办学原则，树立"劳动光荣、技能宝贵、创造伟大"的办学信念。近年来，学校深入改革教育教学模式，不断创新机制体制，极大地提升了学校办学实力和服务能力，实现了规模发展向内涵发展的新跨越。学校先后被评为"全国教育系统先进集体""全国职业教育先进单位""国家综合改革示范中职学校""全国国防教育先进单位"。2018 年 2 月，学校食堂被省教育厅、省食药监局授予"全省放心食堂"。2021 年，学校获得"全国中小学优秀传承文化传承学校"（崇阳提琴戏）称号。

学校分设"三部一中心"，机电一体部以现代制造业专业为主，开设有机械加工技术、电子技术应用（武铁定向班：城市轨道交通机电技术）、工业机器人技术应用（咸职定向班：工业机器人技术）、新能源汽车运用与维修、汽车运用与维修、（咸职定向班：汽车检测与维修技术）等专业；信息技术部以现代服务业专业为主，开设有计算机应用、计算机平面设计、电子商务、会计事务等专业；艺术部开设有幼儿保育、园林技术专业和音乐表演、舞蹈表演、绘画、运动训练等艺术兴趣特长高考班。培训中心主要面向社会开展短期培训，根据市场需求和培训学员的需要，开设电商（淘宝）、月嫂、烹饪、保育员、办公自动化、创业培训等热门专业，采用"集中培训""送培下乡""线上培训"等培训形式。大力开展就业技能培训，服务区域，努力推动崇阳地方经济发展。

学校大力推行"产教融合、校企合作、技能提升"的培养模式。各专业分别与本地知名企业进行了深度合作，建立了资源共享、优势互补、合作共赢的稳定长效合作关系。开展现代学徒制培训，实施订单培养。学校引进大国工匠、能工巧匠进校园，现建有雕匠、木匠、书法、武术、盆景、提琴戏、烹饪等大师工作室，传承地方技能，服务区域发展。

学校以技能高考、对口就业、短期培训为办学导向，让每位学生都有升学就业两个机会，让学生就业前得到岗位培训，提升就业技能。学校分别与武汉船舶职院、襄阳职院、武汉城市职业学院、武汉铁路职业技术学院、咸宁职院等10所院校建立了中高职对接关系，为每个学生圆心中的"大学梦"提供平台。近几年来，学校上本科率居全省同类学校前列，专科上线率为100%。

学校坚持"让每个学生在人格健全中体验幸福人生"的育人目标，按照学生兴趣爱好、性格特点、文化基础的不同，对学生进行分类定目标，分类进行指导，以"学生管理学生，学生相互教育"为主要形式，实行准军事化管理，把校园文化与企业文化结合起来，把管理评估与活动载体结合起来，彰显学生个性，有效提高了学生的职业道德素养。学校校园开放日活动和特色教育成果展示，为学生展示自我、增强自信搭建了一个宽松的平台。

崇阳职校——成就每一个孩子的出彩人生！

2022年4月20日　　星期三　　阴

大健康产业职校做法

没有人民健康，就没有全面小康。崇阳大健康产业发展职校做法大致如下：

一、建设健康家庭。利用家长学校讲健康知识、卫生知识，宣传传染病防控知识，让每一个家庭远离疾病。

二、打造健康校园。开设健康教育课，让每一个孩子懂健康，养成有利于身心健康的好习惯；开齐开足体育课，强健学生体魄；开好心理健康教育课，让每一位学生心灵阳光；办好放心食堂，让学生吃得健康。力求做到让一个学生的健康引领一个家庭的健康。

三、培养健康人才。鼓励教师兼修心理健康咨询师，帮助有心理障碍的人群进行心理疏导，组建心理健康教育团队，在疫情防控中发挥积极的作用，积极开展健康护理人才的培育工作。

四、开展健康培训。利用崇阳职校培训中心的培训职能，开展健康进村组、健康进社区培训活动。每年组织开展幼儿保育、养老护理、育婴、健康养生等项目培训，培训的人才直接服务本地健康家庭、健康社区建设。

五、助力健康产业。职校开设康养专业，专业与当地健康产业对接，把崇阳的中药材基地、黄精白及基地、白茶基地、健康蔬菜基地等等作为学生的实习实训基地，服务产业发展，助力乡村振兴。

2022 年 4 月 21 日　　星期四　　阴雨

崇阳职校服务县域企业用工需求实施方案

为落实市委组织部印发的《关于服务和保障企业用工的工作方案》要求，聚焦崇阳企业用工需求，服务崇阳经济高质量发展，制订如下实施方案。

一、工作目标

结合崇阳县域实情，动态调整学校专业（课程）设置和人才培养方案，积极推动"本地生源、本地培养、本地就业"的"三本"培养，为崇阳企事业单位培养和输送实用型技能人才稳定渠道，打造校企合作命运共同体。

二、工作举措

（一）加大企业用工对接力度，落实解决临时性普通用工荒问题。

建立崇阳职教联盟（集团），实现信息发布、资源共享。学校定期走访企业，加大与企业对接力度，深入了解企业相关岗位特点和普通用工需求。在企业季节性或突发性订单到来，企业需要大量普工时，企业与职校联系。短期内，职校以班为单位成建制派遣学生到相关企业进行工学结合活动，解决企业临时性的用工荒问题，时间最长为 6 个月，最短为 1 个月。职校教务处、各专业组在制订人才培养方案时做好教育教学统筹安排。

（二）专业设置对接地方产业。结合地方产业结构特点，每两年调整一次专业结构；结合区域企业用工量需求，每年调整专业招生计划。针对学生升大学渠道畅通，学生中职毕业后不想就业、不愿就业的现状，从 2022 年秋季开始崇阳职校招生服务本地企业的就业班。

（三）加大宣传力度，培养职教学子热爱本地企业的热度和深度。

依托每年 5 月份"全国职业教育活动周"宣传活动载体，引进崇阳县各企业在学校操场搭建"春风行动"宣传专场，通过广告投放张贴、音视频、企业宣讲等方式，让广大学生真正了解本地企业的属性、岗位需求能力、岗位工资待遇、招聘政策等情况，引导他们中专毕业或大学毕业后在家门口上班。

（四）深化产教融合、校企合作，构建校企命运共同体。

1. 教学实训进企业车间。学校每个专业对接本地 1—3 家企业的对口岗位，专业的教学实训课到企业车间去上，实实在在进行岗位体验，提升技能本领。专业教师随同入企管理学生和跟班学习，扎扎实实培养学生的岗位操作技能。

2. 引进企业工程师进校园。传播企业文化，弘扬工匠精神。

3. 职校与企业合作共同开发教材，确立人才培养标准，制定人才培养方案，共同探讨培养什么样的人、怎样培养人等核心问题。

（五）创新模式开办订单班，为企业输送稳定的技术技能人才。

1. "政校行企"联合培养。针对本地企业员工学历不高、技能不强问题，学校与咸宁职院对接，在崇阳职校为这些企业员工开办大专班，边工边读，在职业素养和技能方面进行提升。企业出资培养，学员拿全日制大专学历，培养本地企业所需的技术技能人才。

2. 崇阳职校从 2022 年秋季高一年级起，开办服务本地企业的就业订单班。根据本地企业用工种类，重点开设机电一体、产品设计、市场营销、电子电器、食品加工、文员等专业。派遣企业工程师来校、派老师进驻企业培训的方式筹备师资，校企共同培育企业对口的技术技能人才。

3. 尝试推行"3+1+3"校企订单培养模式：学生 3 年在崇阳职校读书，1 年在本地企业上班，3 年"政校行企"联合培养。

4. 尝试推行本地企业资助学生读中专、上大学的方式，学生中职或高职毕业后在资助企业上班。

5. 与咸宁职业技术学院合作开展"3+2"中高职贯通模式培养，学生毕业后在本地就业。

（六）服务企业开展技能提升培训，提升服务效能。

1. 崇阳职校拥有社会培训资质，职校和企业面向社会共同招聘意向人员开班，校企双方共同制订教学培训体系，校企师资共享，合力培养，时间为 1-3 个月。培训合格后，在本地企业就业。

2. 大力开展现代学徒制培训，把崇阳职校培训中心作为企业职工培训基地。

三、工作要求

1. 加强组织领导。在县委、县政府，县教育局的领导下，成立服务企业用工工作专班。

2. 抓好责任落实。做好"六稳""六保"工作，全面服务和保障企事业用工，积极与本地人社、经信等部门和企事业单位会商，每月报告落实进度。职校各专业制定好人才培养方案，各处室各部积极支持配合，工作统筹推进。

3. 强化宣传引导。把宣传工作贯彻服务企业发展全过程，与企业结"亲家"，命运与共。密切关注舆情，发现问题及时回应、及时解决，为服务和保障企业用工营造良好的社会氛围和营商环境。

2022年5月1日　　星期日　　晴

五一采金银花

今天下午，天气格外凉爽，母亲约我们一家去白霓歇马山上摘金银花。母亲说："金银花正是开花的旺季，过了五一，花就要谢了！"

应母亲的邀约，我和爱人开起了小车，带着母亲和儿子来到了歇马山老砖瓦厂附近。这个地方是那样的熟悉，又是那样的陌生，熟悉的是小时候我在这个地方玩得多，曾经的这里是一个烧砖的窑厂，满目是黄土；陌生的是现在这里变成了一个现代化的农场，一片碧绿尽收眼底。

母亲很有经验，顺着农场和树林的交界处寻找金银花树藤。母亲七十多岁了，眼力比我们还好，远远地就看到了几株金银花树，儿子最有兴趣，尖叫着奔向前，把我们甩在后头。我们来到金银花生长的小树林里，这里芳香扑鼻，金银花开得正旺，母亲说："金银花可入药，花旺时药效最好。"

看来我们来得正是时候。我们开始采摘，可是金银花不是树，是藤，花都开在藤上，藤都是攀绕在其他树上生长上去的，我感叹金银花的伟大，自己体软竖不起来，却能借树生长，并开出鲜艳扑鼻的花儿。借树生长，借树开花，善于借力，金银花是我们学习的榜样！

母亲说，金银花可消炎、清热、解毒，药用价值很高，野的金银花药效更好。是啊，万物都有其生长规律，顺其自然的当然是最好的，反季节、大棚的、施肥的、打药的、催生的都违背了植物的大自然规律，其食用、药用价值自然就差远了！

教育何尝不是如此呢？拔苗助长、做温室里的花朵，长大后一定经受不住生活的风吹雨打。要做就做大自然的金银花，借知识的力量，开出灿烂的人生之花！

2022 年 5 月 2 日　　星期一　　晴

职业教育活动周工作构想

为深入贯彻落实全国职业教育大会精神，大力宣传劳模精神、劳动精神、工匠精神，大力弘扬劳动光荣、技能宝贵、创造伟大的时代风尚，展示我校办学成果，促进职业教育产教融合、校企合作，培养合格技术技能人才，办好新时代的职业教育，以实际行动迎接党的二十大胜利召开，学校决定在2022年职业教育活动周期间举行系列活动。具体工作方案构想如下：

一、活动主题

技能：让生活更美好

二、活动时间

2022 年 5 月 8 日—14 日

三、活动地点

学校校内场、室、厅

四、活动内容

校园文化展示；能工巧匠工作室（10 个）展示；学生各专业技能大赛；艺术部学生才艺展；提琴戏展示；社团活动、文明风采活动展；普职协调发展座谈会；企业用工招聘会；班主任能力大赛决赛；《中华人民共和国职业教育法》学习宣讲；榜样引领活动；五个讲座：党史学习教育活动、企业家进校园讲座、优秀校友励志讲座、法制进校园知识讲座、高三学生职业生涯规划讲座。

2022年5月5日　　星期四　　晴

要有精神上的割舍

我们在生活中，常常面对一些诱惑：精彩短视频、朋友邀约、游玩、闲逛等，我时常为之心动，但很快就镇静下来，职校这么大，需要我去想的事还很多，需要我去做或督办的事也不少，我哪有心思沉在短视频、饭桌、游玩之中呢？

我总感觉人生非常短暂，留给我们有用的时间是非常有限的，你在这上面耽搁了时间，那你在另一方面必然会少了很多时间。这宝贵的可用时间你用来干什么呢？一个人想在有生之年有点成绩，最起码的一点是对时间的把握要精准，不白白浪费可用的时间。懂得取舍，懂得放弃，是为了更好的得到。

2022年5月6日　　星期五　　晴

小学三年级该布置什么样的家庭作业

朋友是中学老师，他的孩子读小学三年级，在当前减负的背景下，他特别关注老师布置的家庭作业。让朋友感到很纳闷的是老师布置的家庭作业很单调，几乎都是做习题、抄词语等，他不禁为新形势下有些教师的教育理念和方法感到担忧！老师在学校的课堂这关键一环家长看不到，但从布置作业的情况来看也能略见一斑。

小学三年级的作业到底怎么布置呢？生字生词应该在课堂上就落实了，不能留到课后，语文老师应多布置一些经典诗词背诵（每日一诗），天天阅读作业（教师推荐阅读书目），每周两至三篇日记等，作业之外还应布置家务劳动作业，孝敬父母作业，小发明、小创造作业等，可为啥就没看到这些，只看到学生回家天天做题目呢？

数学作业应该是偏重于思维训练，科学兴趣方面的作业，而不是简单重复的刷题；英语作业应偏重于口语，特别重视发音的准确性。记得我们小时候刚学英语就学音标，为啥现在老师就不重视音标了呢？即便课标没有要求，老师也应该重视呀！学音标的目的是在学英语的启蒙阶段就让孩子知道发音的根源在哪里，就像在幼儿园就学汉语拼音字母一样，这是一门语言的启蒙教育。

朋友是很重视孩子教育的，向我讲述了对老师作业布置内容的不理解，我安慰他说：与其抱怨老师，还不如自己给孩子的教育"加餐"，只有家校共育，方是教育的完美！

家庭作业里有大学问，是一个老师教育思想、教育理念的反映！

2022 年 5 月 7 日　　星期六　　晴

在 2022 年职业教育活动周启动仪式上的致辞

尊敬的各位领导、各位来宾、老师们、同学们：

大家上午好！

绚丽的五月，生机盎然。在这个充满希望的季节里，我校在这里隆重举行 2022 年职业教育活动周启动仪式。借此机会，我谨代表崇阳职校 4000 余名师生向莅临本次活动的各位领导、各位企业老总表示最热烈的欢迎！向长期以来支持职业教育改革发展的社会各界朋友表示最衷心的感谢和最崇高的敬意！

崇阳职校办学 15 年来，始终坚持培养"德技双馨"的大国工匠为目标，以服务地方经济发展为根本，得到了社会各界的广泛认可。学校先后被评为全国教育系统先进集体、国家示范中职学校、全国国防教育特色学校等荣誉称号。学校办学条件一流、师资力量雄厚，双师型教师达87%；技能大赛成绩走在全省前列，技能高考升学率在全省领先，每年升本率在10%以上，专科上线率100%；学校与本地14家知名企业签订了合作协议，深入校企合作、产教融合。与武汉铁路职业技术学院、咸宁职业技术学院等21所高职院校签订了校校合作协议。凡在我校读书的孩子，升学有希望，就业有保障，人生有出彩！

学校开设有"四大"课堂：军事化大课堂对学生的行为规范和职业素养进行教育；文化、专业技能大课堂着力提升学生的技能本领；社团活动大课堂让学生的特长得到尽情的施展；德育大课堂重在提升学生的人格修养。丰富的课程资料成就孩子三年亮丽的职教生活！

学校积极响应国家赋能提质的号召，大力开展家政、月嫂、育婴、办公自动化、现代学徒制等培训项目。学校挂牌成立"崇阳乡土人才培育学校"，助力乡村振兴；让烹饪大师、盆景大师、提琴戏大师、雕匠、木匠、画匠等能工巧匠进校园，传承地方工艺文化，服务区域发展。

各位领导、各位来宾，在本次活动周期间，我校将全面开放校园，全面展示我校办学成果，大力倡导"劳动光荣、技能宝贵、创造伟大"的时代风尚，营造"人人皆可成才，人人尽展其才"的良好氛围。让全社会充分了解职业教育的价值，共创共建技能型社会，技能——让生活更美好！

习近平总书记说："职业教育前途广阔，大有可为。"今年5月1日，《职业教育法》正式实施，在推进职业教育高质量发展的过程中，崇阳职校一定不负党和人民的重托，为区域经济发展作出最大的贡献！谢谢！

2022 年 5 月 13 日　　星期五　阴

以企业用工招聘推进校企合作

5月16日上午，我校将举行服务地方企业用工招聘会，这是职业教育活动的一个重要环节。今天上午，我特地与本地8家企业的老总就招聘工作通了电话，沟通相关工作，因为老板们都很忙，电话沟通来得直截了当一些，也节约了我和老板的时间。

我们很诚恳地为地方企业发展服务，老板们都很重视这项工作，在与老总们的交谈中，我感受到了崇阳这些企业老板的实在、执着，有些老板愿意以出资送学生上学的方式留住本地人才，不失为一种长远战略。

本次人才招聘会我们想达到三个目的：一是宣传本地企业的文化及发展优势，让学生感受到在家门口就业的好处；二是我校毕业学生不想升学的可直接到本地企业就业；三是有志愿在本地就业、但又想升学的学生可与企业签订意向协议，学生在企业实习如果被企业看中，企业资助学生上大学，订单培养，大学毕业后来本地企业上班。

2022 年 5 月 14 日　　星期六　阴雨

感恩父母感恩党

今天一早，打开手机，学校办公室给我发一则新闻，是《人民日报》报道了学校蒋训雅老师的孝道感人事迹。之前，省市有关媒体都报道了蒋老师的故事，真没想到能在《人民日报》上报道。

你若花开，蝴蝶自来。孝，是中华民族几千年来的优良传统，是人类高贵的情感。

可受物欲横流社会现实的影响，很多人忘了自己来自何处，忘了父母的养育之恩，忘了母亲十月怀胎的痛苦，忘了我们可敬可亲的父母是怎样一把屎一把尿地把我们养大。但愿父母还健在的儿女们都能向蒋老师学习，不留"树欲静而风不止，子欲养而亲不在"的遗憾！感恩父母，是我们心底最美的良知！

今天我们的生活是幸福的，幸福生活是如何得到来的呢？是自己努力得来的吗？没有国家的太平，没有祖国的繁荣，没有无数人为这个国家的付出，我们能幸福吗？

珍惜今天就是珍惜拥有。在家里，孝敬父母；在单位，努力工作，争创业绩。经营好家庭和工作，是你对社会最好的回报。做人做事，上不愧于天，下不愧于地，你就会跟蒋老师一样，成为社会正能量的代表。

2022 年 5 月 15 日　　星期日　　阴

职业教育不进则退

有这样一句名言："这个世界最大的公平在于，当一个人的财富大于自己认识的时候，这个社会会有一百种方法来收割你，直至你的认知和财富相匹配。"这句话也许就是对"厚德载物""德不配位"的最好诠释。

由此我想到崇阳职校，我校目前在全市一流，在全省也还是有位置的，但兄弟学校的追赶，让我们一点也不能忽视学校的发展速度。从这次职业教育活动周的情况来看，全市各校都开展了活动，可谓是精彩纷呈、各具特色，让我们也看到了一个正在蓬勃发展的咸宁职业教育。在相互学习的同时，我们更加充满了危机感。市职教园地处市中心，有得天独厚的地理优势和人文资源；赤壁职教集团是老牌名校，赤壁经济全市领先，有雄厚的经济基础，且赤壁职教集团级别高，有充分的话语权；通山职教中心刚从普教剥离出来，发展势头强劲；咸宁财税会计学校有咸宁职院靠背，教学实习条件达到了中高职有效衔接。而崇阳职校远在三省交界处，与上述三所学校相比，优势不够明显。

自2014年学校被评为全国示范中职学校以来，享受了很多政策的优惠，正如"学如逆水行舟，不进则退"，这几年的发展，我们虽取得了长足的进步，但后者追来，如果没有危机意识，恐怕要落后于别人。

在《中华人民共和国职业教育法》颁发以后，职业教育将迎来发展的黄金时期，时不我待，崇阳职校的发展挑战与机遇并存，任重而道远！

2022年5月17日　　星期二　　晴

落实"三本"机制，服务企业用工

为落实疫情防控常态化用工难问题，服务区域经济发展，推进校企合作，产教融合，构建校企命运共同体，四月份我校主要做了如下几项工作：

一是，4月集中走访了湖北中健、稳健、冰丰、铭达塑胶、咸宁易览、通城三赢兴6家企业，了解了企业岗位工种、工资待遇情况，做好在五月份派学生和老师进企业实习实训的准备工作。根据企业的盼望，面临订单多时用工荒问题，崇阳职校以工学交替的方式100%保证企业急需用工问题，不仅帮助企业解决了"用工荒"，还解决了"养工难"问题。

二是，崇阳职校4月6日派出了33人到湖北冰丰食品有限公司实习实训；派出了37人到稳健实习实训并派驻企业教师2个跟岗实习，参与学生管理工作。在两家企业实习时间一个月，两个企业实习师生于5月6日返回学校。

三是，派出了52名幼儿保育学生到本地幼儿园实习。学校与本县18家幼儿园签订了合作协议，共同开发幼儿校本教材。本地幼儿园对我校学生实习满意度很高。崇阳职校把学生实习实训全部安排在本地。

四是，4月份与文昌印务对接了现代学徒制培训，计划在暑假开班；与稳健医疗对接了信息技术培训，计划在6月份开班。职校正在积极与企业开展"政校行企"联合培养模式的探讨。

五是，与本地企业对接，筹备并开展了5月份职业教育活动周企业用工招聘会夏季行动。有文昌印务、稳健、中健、冰丰、铭达、正大集团、三赢兴、咸宁易览8家企业来校招工，有90名学生有意向毕业后在本地企业上班。除了短期工学结合外，文昌集团还愿意以资助学生上学的方式培养本地技术技能人才。

六是，4月份教育局出台了崇阳职校2022年秋季招生计划，计划崇阳职校在秋季招生就业班两个，学生100人，主要开设机电维修、平面设计、文员、市场营销等专业课程。

崇阳职校将坚决落实市委市政府"本地生源、本地培养、本地就业"的"三本"机制，不断探索新途径，为区域经济发展贡献力量。

2022 年 5 月 18 日　　星期三　　阴雨

学习新《职业教育法》十大亮点

一是，职普同等重要，是同等待遇、同等保障，不是一般倡导。

新法第三条提出，职业教育是与普通教育具有同等重要地位的教育类型，以法律形式将"教育类型"和"同等重要"固化下来，意味着职业教育与普通教育平起平坐，这不是文字一般倡导，而是要职普同等待遇、同等保障。

二是，统筹推进职普协调发展，不是取消职普分流。

新法出台后，一些媒体发出"职教法取消职普分流"的误读，新法第十四条明确指出："国家优化教育结构，科学配置教育资源，在义务教育后的不同阶段因地制宜、统筹推进职业教育与普通教育协调发展。"两种类型，两种成才渠道，因材施教，尊重个性，尊重选择。合适的教育才是最好的教育。

三是，畅通发展通道，是升学与就业的有机统一。

新法顺势而为，提出职业教育"本科及以上教育层次"（10%以上）。还规定"中等职业学校可以按照国家有关规定，在有关专业实行与高等职业学校教育的贯通招生和培养。""对有突出贡献的技术技能人才，经考核合格，可以破格录取。"没有天花板，没有"断头路"，招录大学越来越多。

四是，实施职业教育聚各方之能。

新法明确了各职能部门的职责。新法还对各级政府，教育行政部门、人力资源社会保障部门和其他有关部门，行业主管部门、工会和职教社等群团组织的职责，并定期召开部门联席会。

五是，培养大国工匠，从娃娃抓起。

没有少年工匠，就没有大国工匠。新法第十九条指出，县级以上人民政府教育行政部门应当鼓励和支持普通中小学、普通高等学校，根据实际需要增加职业教育相关教学内容，进行职业启蒙、职业认知、职业体验，开展职业规划指导、劳动教育。

六是，校企合作有契约协议，依法依规，不是合而不作，少作浅作。

职业学校与企业犹如鱼和水（命运与共）的关系，坚持产教融合、校企合作，是职业教育的重头戏和核心特征。新法亮色在于加强了校企合作的协议和契约，给予企业奖励和政策优惠，建立产教融合型企业。

七是，倡导人人皆可成才、人人尽展其才。

人人都可以创业，重在找门道。社会上不是没有就业岗位，而是岗位多，很多人却做不了。如本地企业在缺工；社会上游手好闲的人多，就不了业，对比长三角的创业精神，相差甚远。要大力弘扬学生创新创业精神。

八是，专业课教师引进强调专业能力，体现能力本位。

为解决职业院校专业课教师数量不足、结构不合理问题，新法第四十六条规定："具备条件的企业、事业单位经营管理和专业技术人员，以及其他有专业知识或者特殊技能的人员，经教育教学能力培训合格的，可以担任职业学校的专职或者兼职专业课教师。"

九是，扶优扶强。一个县举办一所公办中职学校，并明确中职学校的地位是职业教育的基础，主体在高职，引领在本科。

十是，着力创建技能型社会。今年职业教育活动周的主题是技能让生活更美好。技能关系每一个人的生、老、病、死；吃、喝、住、行，技能无处不在。目前，国家对技能人才的需求2200多万，高级技能人才占比5%，远低于发达国家。而每年本科毕业生上1000万，一边是到处寻找高级技术人才的企业，一边是找不到工作的本科毕业生，这种结构性矛盾随着《职教法》的实施将逐渐得到解决。

2022 年 5 月 19 日　　星期四　　晴

崇阳职校九大优势

一是，崇阳职校在全市乃至全省率先完成了县域职教资源的整合。

《省人民政府关于推进现代职业教育高质量发展的施意见》（鄂政发〔2022〕9号）文件指出："大力提升中等职业教育发展水平。因地制宜、统筹推进高中阶段教育结构化，使绝大多数城乡新增劳动力接受高中阶段教育。加强市（州）统管理，全面清理整合'空、小、散、弱'中等职业学校，各地新设置中等学校统一纳入市州高中阶段学校设置规划。将中等职业教育作为县域公共服务体系的重要组成部分，实施中等职业教育达标工程。每个县（市）集中办好1所符合标准、设施完备的中职学校。"崇阳县委县政府2007年率先示范，在全市整合县域职教资源（整合了阳光电脑学校、先锋职校、路口职高、沙坪职高），命名为"崇阳职业技术学校"，性质为公办。实践证明，崇阳县委县政府、县教育局整合职教资源，重点扶持一所公办职校的发展，是职业教育成功的案例，值得其他县市借鉴学习。

二是，崇阳职校办学成绩斐然。

崇阳职校发展15年来，一路奋进一路歌，办学条件一流、师资水平一流、教学质量一流。如今的崇阳职校先后获评"国家中等职业教育改革发展示范校""全国职业教育先进单位""全国教育系统先进集体""全国国防教育特色学校""全国青少年校园足球特色学校""全国中小学中华优秀传统文化传承学校""全国1+X证书制度试点学校"等荣誉称号,在全市乃全省都起到了示范引领作用,如今正在争创全国"双优"中职学校。

三是,崇阳职校做到了"升学、就业、培训"三不误。

《国家职业教育改革实施方案》强调:"要落实职业院校实施学历教育和培训并举的法定职责。"崇阳职业技术学校做到了"升学、就业、培训"三不误,并取得骄人的业绩:每年本科升学率在10%以上,专科上线率100%;随着职教高考制度的推进和"中职—高职—本科—研究生"职业类型教育的纵向贯通,批量能工巧匠、大国工匠在崇阳职校诞生指日可待;为满足本地企业用工需求,崇阳职校开设了就业班,与地方企业联合培养机电维修、产品设计、市场营销、办公文秘等方面的技术技能人才;崇阳职校具有社会培训职能,每年开展育婴、月嫂、种植、养殖、电商、致富带头人等培训3000人次以上,为区域经济发展和乡村振兴作出了积极的贡献。

四是,赋能提质工作,崇阳职校全省一流。

2020年7月14日国务院、教育部在湖北武汉召开湖北省"职业教育赋能提质专项行动计划"推进会,崇阳职校做了题为《开展职业技能培训、助推乡村产业发展》的典型发言,全省作典型发言的中职学校只有2所。《学习强国》平台以《产教融合,培养职业技能人才》专题报道了崇阳职校。

五是,办学条件崇阳职校全省一流。

学校占地275亩,建筑面积9.59万平方米,在校学生4000余人。学校办学条件过硬:教学大楼、实训大楼、工匠大楼,学生公寓楼鳞次栉比;足球场、篮球场、乒乓球场、风雨操场一应俱全;各专业实训室、功能室、产教基地功能齐全。汽车运用与维修专业建有3000平方米大型产教基地,共有8个培训考核区。

机械加工技术专业建成普车、普铣、数控车、数控铣、钳工实训室各1个，3个理实一体化实训室，机械加工中心1个，模具设计与制造技术车间2个，1个精品广告设计室；4个"1+X"证书制度试点标准实训室。

六是，师资力量崇阳职校全省一流。

崇阳职校教职员工205人，双师型教师占比85%。双一流教师42人，研究生教师10人。向社会聘请能工巧匠兼职教师26人，聘请企业工程师兼职教师5人。培训中心聘请兼职讲师20人。

七是，校企合作、产教融合深入，服务发展有成效。

中共中央办公厅、国务院办公厅《关于推动现代职业教育高质量发展的意见》指出："职业教育要服务区域发展""创新校企合作办学机制"。只要是落户咸宁、崇阳的实体企业，崇阳职校都积极与他们合作。结合咸宁、崇阳经济形势和产业转型升级的特点，崇阳职校能做到每两年调整一次专业结构，根据岗位技能需求调整课程开设。目前，崇阳职校与咸宁境地的21家企业开展了校企合作协议，深化产教融合，实施订单培养。崇阳职校严格落实教育部等八部门关于《职业学校学生实习管理规定》的通知精神，遵循1个"严禁"、27个"不得"，学生实习实训、工学结合活动全部在本地进行，校企共建共享实习实训基地，共同开发教材，与企业开展职业素养培训、岗前培训、现代学徒制培训等，构建校企合作命运共同体。崇阳职校校企合作的做法得到了地方企业的普遍认同和市教育局的高度认可，是全市校企合作的典范。

八是，中高职衔接，贯通培养有创新。

崇阳职校积极践行"中高职贯通"培养模式，目前已与武汉铁路职业技术学院城市轨道交通专业实施了"3+2"贯通培养，与咸宁职业技术学院学前教育、会计、工业机器人、新能源汽车专业实施了"3+2"贯通培养;为促进区域经济振兴,培养企业高素质的技术技能人才,咸宁职院决定在崇阳职业技术学校开设"政校行企"大专班,崇阳职校的就业班也实行"政校行企"大专班培养模式。

九是,崇阳职校办学特色鲜明。

崇阳职校除了学历教育、社会培训外,还挂牌成立"崇阳县乡土人才培训学校",为乡村振兴培养了大批的技术技能人才;挂牌成立"崇阳提琴戏特色学校",为传承地方优秀传统文化作出了不可磨灭的贡献;崇阳职校引进能工巧匠进校园,挂牌"崇阳县工匠人才培育基地",开展工匠人才培育工作。

2022 年 5 月 20 日　　星期五　　晴

崇阳职校升格职业学院十大好处

崇阳职校若能升格为"崇阳职业技术学院"或作为咸宁职业技术学院的分院,将会有十大好处:

一是有利于提升了咸宁职业教育,特别是崇阳职业教育的品位。

二是更有利于咸宁市职业教育集团的建设,做到资源共享。

三是中高职"一条龙"培养本地技术技能人才,能更好地服务区域企业用工。

四是能真正落实市委市政府"本地生源、本地培养、本地就业"的"三本"机制。

五是符合国家对职业教育扶优扶强的政策。

六是公办对公办,很多事都好办。

七是崇阳的孩子在家门口上大学,是最大的民生工程。

八是有高职在崇阳本地,有利于招商引资,有利于实地企业进驻崇阳。

九是有利于与本地企业开展多边技术协作，共建技术技能创新平台、专业化技术转移机构和大学科技园、科技企业孵化器、众创空间，服务地方中小微企业技术升级和产品研发。

十是有利于崇阳教育资源充分利用和全域发展。

2022 年 5 月 27 日　　　星期五　　阴雨

专题片反思

学校的形象专题片制作出来了，我一连看了五遍，心里格外"爽"，因为宣传片的脚本是我亲自写的，整个过程的拍摄制作都是按照我的意思来制作的，听到优美的解说词，看到优美的画面，有一种特别的成就感涌上心头。我把这种喜悦向几位好友分享，他们都很赞叹崇阳职校这几年的发展，说学校发展全面，内涵丰富，令人向往，读崇阳职校前途广。看来这个宣传片的影响力还是不小的。特别让我吃惊的是我的小儿子看了这个宣传片，竟欢呼雀跃，说长大了一定要读崇阳职校。

多看了几遍后，感觉这个宣传片完全是"老王卖瓜，自卖自夸"，我突然想，倘若不需要"老王"吆喝，而是买瓜的人到处说这瓜好甜、好吃，有一群吃瓜的铁杆粉丝为职校呐喊，这个宣传效果该有多好呀！

我们应该迅速拍第二部了，这一部重点让学生、家长现身说法，也就是商业中的"C 端"，说读崇阳职校怎么好怎么好；让毕业的学生、就业的学生说职校好；重点找 KOL（key opinion leader 关键领袖意见）宣传，宣传新职业教育法形势下的职业教育优势，如果两部合起来，应该就很完美了。

2022 年 5 月 28 日　　星期六　　阴雨

与人福合作

昨天上午，湖北人福药辅股份有限公司的吴友珍经理、人力资源部的厉经理一行来我校洽谈校企合作事宜，从人福的准备情况来看，他们是非常有诚意的。人福带了纸质宣传资料和视频资料，讲了人福的市场前景、招工的工资待遇、工作环境等，参与座谈的职校中层干部对人福药辅这家企业非常满意。

人福已与咸宁职院签订了人才培养协议，职院招收人福订单班 30 人。大学毕业后愿意到人福药辅上班的，可填报咸宁职院的人福订单班，与人福签就业协议后，人福资助学生在职院上大学的学费。我想我校机电班一定有部分家庭比较贫困的学生愿意上这个订单班，有人出钱培养，就业有保障，一举两得，何乐而不为呢？

我认为这是目前中职学生以升学为主的情况下，服务地方用工非常理想的一种合作模式。中高职贯通一条龙培养技术技能人才，是落实市委市政府的"三本"机制一项重要举措。我们一定努力把这项合作工作做好。

2022 年 6 月 1 日　　星期三　　阴雨

亲子朗诵

近几天，感觉小儿子在校学习、在家做家务都比较自信，究其原因，我想还是几天前，我带儿子参加了一场亲子朗诵比赛。儿子和我表现都很不错，得到了评委的好评。在 22 个家庭组合中，我们的表现是靠前的。我与儿子同台，他很兴奋。在上台前的几天朗诵训练中，我故意让儿子指点我几个地方怎么读、怎么停顿，儿子很自豪的"指点"我，他特别有成就感，似乎是一件作品要参加比赛，他决不让其失败一样。我想主办方设计这样的活动，目的也应该在此——培养孩子自信心，增进孩子与父母的感情吧！

2022 年 6 月 3 日　　星期五　　雨

构建"三全育人"新格局　培养技术技能新人才
——崇阳职校"三全育人"典型学校创建视频解说词

为全面贯彻党的教育方针，落实立德树人的根本任务，夯实中职教育高质量发展基础，崇阳职业技术学校努力构建"三全育人"新格局，助力培养高素质技术技能人才。

学校坚持党建引领，引导师生树牢"四个意识"，坚定"四个自信"，做到"两个维护"，确保职业教育正确的办学方向。深入推进习近平新时代中国特色社会主义思想进教材、进课堂、进头脑，压实"一岗三责"，提质创优，推动思想破冰，跨越发展，全面培养职业技能人才。学校创建"四红党建"品牌，打造红色校园，评比红旗教师，培育红星学生，培训红色技工；讲好红色故事，开设红色课堂，培育少年工匠心向党，建功立业新时代的中职学子情怀。

学校打造"一主五翼"特色校园文化，以社会主义核心价值观为主体统领校园文化建设，培育具有中国文化底蕴、中华民族意识、中国文化自信的新时代公民；优化育人环境、创新德育文化，植入企业文化，弘扬地方文化，传承红色基因。

学校对标"四有"好教师标准，努力打造"九心"教师，落实教师全员培训制度，打造一支结构合理、素质优良的"双师型"教师队伍。学校推进课程思政与思政课程同向同行，积极发挥专业部辅导员、班主任、思政课教师、心理健康教育教师的思想政治工作"主力军"作用，打造一支高素质思想政治工作队伍；建设思政课教师研修基地，培养思政课教学创新团队，打造思想政治示范课堂，推广优秀思政教育典型案例。

学校建立以目标考核为重点的绩效评价机制，推进学校治理体系的现代化进程，加强校园信息化建设和日常规范建设，健全德育评价体系，形成学生、教师、家长及社会、企业、政府等多元参与、多元评价的有效机制。

榜样的力量是无穷的。学校每年开展榜样引领活动，充分发挥榜样人物和典型事迹的引领示范作用，学习身边榜样、寻访职业榜样、选树朋辈榜样、争做奋进榜样，坚定"技能成才、强国有我"的信念。

学校挂牌成立"崇阳乡土人才培育学校"，让烹饪大师、盆景大师、雕匠、木匠、画匠等能工巧匠进校园，传承地方工艺，助力乡村振兴。学生以社团的方式参加工匠工作室活动，成果显著。

学校推进"四大课堂"：德育大课堂重在提高学生的道德修养；技能大课堂重在提升学生的技能水平；社团大课堂让学生的业余爱好得到尽的发挥；军事化大课堂重在培养学生良好的职业素养。

为推进校企"三全育人"建设，学校积极探索与区域企业合作办学的方式和方法，实现教学过程与生产过程的无缝对接，教师进企业挂职锻炼，企业工程师进校园兼课。学校利用企业的设备、岗位和技术技能优势，在课程设置、师资培育、教学改革、实习实训等方面全面开展校企合作、产教融合，形成了人才共育、过程共管、成果共享的校企命运共同体。

构建"三全育人"新格局，培养技术技能新人才。职业教育前途广阔，大有可为，在"人人兼可成才、人人尽展其才"的职业教育氛围中，崇阳职校成就每一个孩子人生出彩的梦想。

2022 年 6 月 5 日　　星期日　　阴雨

崇德尚技　助力学生出彩人生
——崇阳职校"三全育人"典型案例

　　湖北崇阳职业技术学校是国家示范中职学校，承担着服务发展，培养技术技能人才的重要职责。多年来，学校坚持以习近平新时代中国特色社会主义思想为指导，以立德树人为教育的根本任务，遵循"德技双馨、知行合一"的办学理念，树立"劳动光荣，技能宝贵，创造伟大"的办学信念，奉行"崇德、尚技、多元、创新"的校训，把育人工作贯穿于思想道德教育、文化知识教育、专业技能教育、社会实践教育等各环节，积极构建"三全育人"工作体系，创新德育模式。在校内，以课堂为主渠道，积极探索思政育人新格局；在课余，组织丰富多彩的校园文化活动；在校外，积极探索校企合作实践平台，引导学生知行合一。在校内外构建社会、家庭、学校一体化德育网络，扎实开展全员育人、全过程育人、全方位育人举措，开创我校德育工作的新局面。

一、实施举措

（一）构建德育新机制，实现全员育人

1. 加强党建引领，健全德育机制

　　学校党政齐抓共管，成立了德育工作领导小组，组建了职能处室、专业部、班主任、专任教师全员参与的德育工作网络。学校通过家长学校，开展线上线下家长会、三访活动，同时建立了家校互动的育人机制；通过校企合作，开展企业文化宣讲和实践育人活动，构建了企业管理育人机制。合理的统筹规划，把学校教育、家庭教育和社会教育有机结合起来，形成了育人合力，促进学生健康成长。

2. 完善德育管理制度，细化育人评价体系

为强化育人功效，明确育人职责，我校特制定了一系列德育工作制度，包括德育管理制度、班主任考核评估制度、师德师风建设制度、校园文化建设制度、学生道德积分管理制度等，制定了全员育人工作责任制。我校创建了崇阳职校评教评学调查问卷，任课教师的教学能力和育人效果都被纳为重要评价指标。同时设立了思想政治工作专项经费，加大学校各项育人项目的经费投入，学校教职工在德育工作中的各项考评评估结果作为教师评优评先、职称评定以及绩效考核的重要依据，让全员育人落到实处。

(二) 渗透德育理念，推动全过程育人

学校围绕"四自"德育（自信、自律、自主、自强）理念，扎实开展理想信念教育、社会主义核心价值观教育、中华优秀传统文化教育、革命文化和社会主义先进文化教育，深入推进中国特色社会主义思想进教材、进课堂、进头脑。根据学生年龄和心理特点，制定了每学年的育人目标：一是注重品行养成教育和健全人格教育。二是注重企业文化教育和工匠精神教育。三是开展职业生涯教育和就业创业教育。以月月德育为抓手，每月通过德育大课堂、国旗下的讲话、主题班会等形式开展月月德育活动。每日以日常行为规范入手，每日行一善、每日学一识、每日强体魄、每日赏一美、每日洁一室，形成学生从入学到毕业的全过程育人，促进学生德、智、体、美、劳全面发展。

(三) 探索多元德育模式,抓实全方位育人

1. 以文化育人

育人最高境界是文化,学校让文化盈满校园,传递着学校的育人理念与价值追求。学校奉行"崇德、尚技、多元、创新"的校训,形成了"严谨、务实、积极、包容"的校风,"爱岗敬业、因材施教"的教风和"勤奋自主、精益求精"的学风,设计了校徽,唱响了校歌,引进了崇阳县红色革命文化、地方传统文化和企业先进文化。在教室、寝室、实训室、走廊、楼道、围墙、宣传栏等场所布置育人环境,打造"特色寝室"和"文明教室"。利用班级文化、班训、道德手册、名人名言等激励学生向善向好。通过电子显示屏、橱窗、校园广播、学校公众号等媒体,宣传时代精神,弘扬校园文化,传播正能量,让学生在润物无声的育人环境中健康成长,努力成为具有高尚思想品质和良好道德修养的合格建设者和接班人。

2. 以课程育人

学校深入推进思政课程和课程思政建设,建立了崇阳职校思政课教师研修基地,通过创建"刘胜瑛名班主任工作室"、开展教师教学能力大赛、青蓝师徒结对等活动选拔、培养出了一批高素质政治思想工作教学团队。学校每年开展朋辈教育、榜样引领活动,充分发挥榜样人物和典型事迹的引领示范作用,"95后"教师蒋训雅带着轮椅上的养父上班的事迹在校园、在社会广为流传,被学校纳为思政课典型案例。每年开展"十星学生"评选活动,在学生中树立榜样,用学生身边的先进事迹影响人、教育人、带动人。定期开设德育大课堂,通过法制讲座、安全知识讲座、心理知识讲座、文明礼仪讲座等提高学生的法律意识、安全意识和文明道德意识;以体育课、心理成长课、职业生涯课为载体,教育学生的身心健康,树牢学生正确的人生观、世界观和价值观。

3. 以军风育人

学校创新德育途径，引进准军事化管理，培养学生行为规范意识，培植爱国情操。每学年从退伍军人中聘请 20 位优秀的年轻军人组建训教中心，以训促管，以管促教，以教促学，把军人的好作风、好传统植入学生职业技能生涯中，培养学生吃苦耐劳的精神和严谨刚毅的作风。通过新生入学教育、学生内务整理、文明新风活动、冬运会等活动把严格的军纪和规范的军风渗透到校园生活中，在日常点滴中培养学生良好的精神风貌和生活作风，让学生在不断端正"三观"的过程中，学会正确地规划生活、规划学习，为培养中国特色社会主义合格接班人提供有力的保障。

4. 以实践育人

学校利用校企合作，把理论教育与实践养成相结合，弘扬培育学生的劳动精神、劳模精神和工匠精神，增强学生的社会责任感、创新精神和实践能力。学校各专业积极探索与区域企业合作办学的方式和方法，实现教学过程与生产过程的无缝对接。企业利用学校的人力资源优势开展用工招聘会，实现订单式培养；针对企业订单多的用工旺季，以工学交替的方式解决企业用工荒问题。学校利用企业的设备、岗位和技术技能优势，在专业建设、课程设置、师资培育、教学改革、实习实训等方面全面开展校企合作、产教融合形成了人才共育、过程共管、成果共享的校企命运共同体。

5. 以活动育人

以丰富多彩的校园文化活动为载体，浸润学校德育教育。坚持红色引领，传承红色基因，以党建带团建，定期开展团日示范活动，清明祭奠先烈、赴红色革命基地感悟革命精神等；每年开展职业教育活动周，进行社团成果展、学生专业技能展，教师表演戏曲广播体操，学生舞动青春曳步舞；开展校园技能大赛，弘扬工匠、劳模精神；提琴戏进校园，师生共演一台戏，传承崇阳戏曲文化；组建志愿者服务团队，开展校内、校外志愿者服务，走上街边"拾起文明"，走进养老院为老人送温暖；开展"校园十大歌手比赛""演讲比赛""十星学生"颁奖晚会，组建特色鲜明的社团活动，搭建"人人皆可成才、人人尽展其才"的舞台，激发了学生的求知欲和创造力，让学生增加自信、传递快乐，在寓教于乐中不断提升自我。

二、经验与启示

"育人为本，德育为先。"新时代的学校德育工作，是国家的时代使命，也是学校实现育人的重要途径。学校努力构建"三全育人"新格局，培养技术技能新人才，努力探索德育模式，不断完善育人机制，积极创设德育氛围，构建起课上课下、线上线下、校内校外协同育人体系，学校的德育工作呈现出鲜明的时代精神和专业特色。今后，学校将坚持以习近平新时代中国特色社会主义思想为引领，以培养学生全面发展为导向，以德育教育为中心，以课程育人和实践育人为重点，更好地形成学校全员全过程全方位的育人格局，着力培养"德技双馨"的时代青年，让广大学生成长为社会主义合格建设者和可靠接班人，为实现中华民族伟大复兴的中国梦贡献青春力量。

2022 年 6 月 8 日　　　星期三　　晴

职业教育得到全社会的认可非一日之功

六月是考试季，也是职校的招生月，因此近期接触了家长、社会贤达、政府官员等不同类型的人。他们知道我是职校的校长，于是有意无意地谈到职业教育，我的心有阵阵凉意。

让我感到痛心的是一些人瞧不起职业教育，认为职业教育低人一等，职业教育都是成绩差的孩子！如果在新职业教育法未出台之前部分人员这么认为还可以理解，如果是崇阳职校办得不好，社会这么认为也可以理解，如果是崇阳职校升学率不高、就业不好还可以理解！可这三者都不具备，还要说职业教育不好，我想要么是他不学习，要么是睁眼说瞎话。我是职校校长，我对职业教育有着深厚的情怀，我容不得别人不调研、不学习，随便说职业教育的坏话。

我讲给一位知心人听，知心朋友安慰我说："人家是不认可职业教育的孩子，又不是不认可职业教育，更不是不认可你和你们崇阳职校。"听他这么一说，我心里好过一点，但总还是不舒畅：职业教育不也培养出了大批大批优秀的孩子吗？

没有职业教育的现代化就没有教育的现代化。习总书记都说："职业教育前途广阔，大有可为。"职业教育能成就孩子人生出彩的机会！

我们要加大职业教育的宣传力度，特别是要学习宣传新职业教育法，让全社会都认可职业教育的优势，我们职教人更要不懈努力，干出职业教育的成绩，让社会看得见、摸得着职业教育的优势。

2022 年 6 月 15 日　　星期三　　晴

办有品位的职业教育

近年来，崇阳职校始终以习近平新时代中国特色社会主义思想为指引，全面贯彻党的教育方针，坚定社会主义办学方向，树立

"劳动光荣，技能宝贵，创造伟大"的办学信念，坚持"人格本位，多元成才"的办学目标和"理实一体，德技双馨"的办学思想，落实立德树人的根本任务，奉行"崇德、尚技、多元、创新"的校训，形成"严谨、务实、积极、包容"的校风，"爱岗敬业、因材施教"的教风和"勤奋自主、精益求精"的学风，牢牢把握新发展阶段，贯彻新发展理念，构建新发展格局，立足崇阳，面向湖北，放眼世界，着力培养技术技能人才，能工巧匠、大国工匠，促进职业教育服务区域经济，推动县域经济社会高质量发展。

一是红色基因润校园，提升办学品位新高度。崇阳县地处湘鄂赣红色革命老区，学校充分利用红色革命教育资源，赓续红色血脉。学校充分发挥党组织的战斗堡垒作用和党员的先锋模范作用，始终围绕学校中心任务，高标准、严要求，精心打造以党的建设促进和带动学校全面发展，建好"四红"教育阵地，打造红色校园；评比红旗教师；坚持德育领先，培育红星学员，每年年底开展十星学生评比活动；开展技能培训，不断扩展如家政、养老、育婴、烹饪等培训项目，培训红色技工每年3000人次以上。

二是校企融合谋发展，创建区域经济共同体。学校与18家企业（其中规上企业7家）签订校企合作协议，开展产教融合、校企合作工作。充分利用合作办学企业的设备、场所和人才优势，在专业建设、培养计划、课程建设、师资建设、教学改革、课题研发、实习实训、订单培养等多方面协同发力，形成人才共育、过程共管、成果共享、责任共担的校企命运共同体。学校在校外建有12个产教基地和劳动实践基地，实现"教、学、研、用"于一体的人才培养模式。每年调整专业，服务地方产业，以工学结合的方式解决本地10家以上企业短期用工紧缺的难题。组建由县政府、县教育局、县经济开发区、县人社局、崇阳职校为成员单位的"崇阳县职教联盟"，及时互通本地用工种类和岗位需求情况，精准对接各专业部。每年春季开学开展"春风行动"崇阳职校专场，创新培养模式，为区域企业开展人才订单培养，学生实习实训100%在本地进行。

三是精准服务兴产业，助力城乡发展大融合。学校成立专业建设指导委员会，制定《崇阳职校专业指导委员会工作章程》，指导学校各专业建设和发展。建立"1+X"人才培养方案，学校已成功申报汽车运用与维修、数控车铣加工、幼儿照护、界面设计等职业技能等级培训。2018年学校被确认为国家首批汽车领域"1+X"证书制度试点院校。为服务地方发展，助力乡村振兴，学校大力开展职业技术培训活动，主动对接本地各科局，承接培训任务30次以上；积极对接新产业，新增培训业务项目10个；与企业、行业合作开发新课程，增强培训效果，正确研判行业需求，提高培训就业率。2020年7月，国务院、教育部在湖北武汉召开的湖北省"职业教育赋能提质专项行动计划"推进会上，崇阳职校以《开展职业技能培训，助推乡村产业发展》为题作经验交流。

四是传承文化育巧匠，凝聚地方特色亮品牌。2021年8月学校工匠大楼落成，学校引进本地能工巧匠进校园，传承地方名匠手艺，弘扬地方工匠精神，成立雕匠、木匠、画匠、鼓匠、刺绣、盆景大师、书法大师、武术大师、烹饪大师、提琴戏大师共10个工作室，广泛开展社会培训和学生社团活动。2008年崇阳提琴戏被中宣部、财政部、文化和旅游部和国家文物局评为第二批国家级非物质文化遗产。突出职业教育特色，传承和发展崇阳地方优秀文化，学校成立一支15人的提琴戏演绎团体，已编写一本提琴戏校本教材，为校内有序开展特色文化教育传承提供理论支撑。2021年崇阳职校被教育部评为中华地方优秀传统文化传承学校。

2022 年 6 月 18 日　　星期六　　阴雨

崇阳职校宣传标语

1. 读崇阳职校，升学就业两不误
2. 不挤普通高考独木桥，选择崇阳职校阳光道
3. 选择崇阳职校，成就出彩人生
4. 崇阳职校是培育能工巧匠的摇篮
5. 国家出资学技能，职教就业优势强
6. 家有万金，不如一技在身
7. 就读崇阳职校，圆你上大学梦想
8. 德技双馨、知行合一，崇阳职校成就你美好未来
9. 资助政策就是好，就读中职花钱少
10. 崇阳职校学技能，进入社会样样行

2022 年 7 月 1 日　　星期五　　晴

迎检解说词

尊敬的各位领导：

　　大家下午好，欢迎来到崇阳职校！我校是国家示范中职学校，在校学生 4000 余人，具有学历教育和技能培训两大法定职责。大家所在的这栋楼命名"工匠大楼"，是去年 10 月份落成的，主要用于工匠人才的培育，培养服务地方发展的技术技能人才，能工巧匠，大国工匠。我校广泛收集崇阳本地的工匠大师信息，成立了雕匠、木匠、画匠、提琴戏等十个工作室，目前以学生社团的形式开展活动，培养少年工匠和大国小匠，利用每周一

至周五下午第三节课时间开展，共参与社团活动的学生有 600 多人。今年下半年，我校将开展社会培训。

在服务乡村振兴人才培育方面，我校大力开展职业技能培训，培训项目有月嫂、育婴、家政、养老、叉车等，以在校开班和送培下乡的方式进行，每年培训 2800 人次以上。凡参与培训人员就业率在 70%，另 30% 是技能储备培训。

2022 年 7 月 18 日　　星期一　　晴

有钱　有权　有德

几位朋友在一起聊天，有的下一代是儿子，自然就聊到了择儿媳妇的问题。有的说想找个有钱的，家庭富裕可减少很多年的奋斗；有人说想找个有权的，有权可以解决很多问题。

听着他们的议论，我无法吭声。我认为从小就要树立孩子正确的婚姻观，不论是男孩还是女孩，不要羡慕人家多有钱，今日有钱不代表将来有钱，很多人一夜回到解放前；不要羡慕别人有权，权力不是永恒的，是短暂而又有风险的。

择偶要择有德之人，有德之人必能创造一个好的家风，好家风出好儿女，这才是永恒的！

2022 年 7 月 22 日　　星期五　　晴

办好提琴戏特色学校

我校是崇阳提琴戏特色学校，为办好这所特色学校，经过近三年的努力，取得了如下进展：

一、完成了阵地建设。2019年秋，学校挂牌成立了"崇阳提琴戏特色学校"，建成了150多平方米的排练厅和提琴戏专用舞台，采购了演出服装、道具等，耗资20余万元。

二、契合了专业建设。针对授课难的问题，学校计划用2年的时间，完善社团活动到班级授课。今年秋，学校开设戏曲专业，在艺术教育部设一个提琴戏班。

三、加强了队伍建设。由分管教学的副校长负责，指派2名艺术专业教师随班学习指导；通过县提琴协会的帮助，聘请了12名提琴戏专家担任教学，保证了组织落实和专兼结合的教师团队的组建。

四、落实了课程建设。学校已编写了校本教材，共六个章节，包括提琴戏的起源、唱腔、念白、伴奏、表演、舞台艺术等。每周开设2节唱腔课，每周二晚自习（2节）舞蹈课，全年课时量150节左右。寒暑假集中时间排练剧目。

五、力求剧本创新。计划在3年内，从传统剧目、折子戏的表演开始，以实现自编自演、宣传社会主义新风尚的剧目，学校将打造专业创作团队，推陈出新，以新时代精神为题材，传递社会正能量。

2022年8月6日　　星期六　　晴

深度服务和保障企业用工

为深度服务和保障企业用工，我校主要从以下几个方面入手：

一、摸清企业用工政策和需求，了解企业岗位需求特点，如乡村振兴农业合作社、电子、食品加工、机械等企业需求不同，安排学生实习时专业等也就不同。

二、专业课程设置与岗位需求对接，专业教学与岗位特点对接，学生实习与专业岗位对接。

三、开展精准培训。在实习实训岗位上开展现代学徒制培训，学生技能比拼、竞赛在车间岗位上进行。

四、开展学生创新创业大赛。在创业规划、商业计划书、非遗三个赛道上寻求突破，鼓励学生毕业后在本地就业创业。

五、开展送培下乡活动。开展农村电商、美食进社区等培训活动。

六、开展订单培养。与咸宁知名企业合作，开展订单式培养。

七、引进能工巧匠进校园，建10个工匠大师工作室，传承地方技术技能。

八、开办提琴戏剧班，传承地方优秀传统文化。

2022年8月7日　　星期日　　晴

不拒绝学习

今天，我打起行李，来到武汉大学参加全省中职校长暑假研修班学习，时长是一个星期。因疫情的原因，好久都没有出来学习了。7月初教师放假以后，我一天都没休息；尽管天气这么热，尽管时间这么紧，我始终没有放弃学习。感觉一天不学习，思想就会落后，一天不进步，唯恐落别人太远。曾有段时间，看到别人在打牌我在学习，我还沾沾自喜，当得知一些创业者、一些知名人士夜以继日地工作时，我才知道，与他们相比，我的这点努力算得了什么？

有时，学习虽不能直接帮我解决工作中的一些实际问题，但改变了我们的思维方式，让我们的应对能力有很大的提升。常学习、常充电，日积月累，就会有质变。人与人之间的差别就在于坚持、积累与改变。雪莱说："我们愈是学习，愈觉得自己的贫乏。"自满、自负都是缺乏学习的表现。任何一个求上进的人，没有理由拒绝学习，拒绝学习就是拒绝进步！

2022 年 8 月 12 日　　　星期五　　晴

在全省中职校长培训学习结业典礼上的发言

尊敬的各位领导：

大家下午好！能作为学员代表发言，我感到很荣幸。首先非常感谢省教育厅和武汉大学继续教育学院给我们提供了良好的学习机会；感谢辅导老师张璐老师5天的陪伴和精心组织，让我们的学习和生活很舒服；感谢各位专家给我们带来了最前沿、最精彩的讲座，让我们享受了职业教育的思想盛宴！

古人云："独学而无友，则孤陋寡闻。"在职业教育发展的路上，永远不能忘了学习，忘了综合素养的提升。真正的贫穷，不是没房、没车，不是穷困潦倒。它是脸上的肤浅无知，是眼中的空洞无物，是心灵的一片空白，是思维的高度贫困。我们认为，这次学习内容丰富，时间安排得当，短暂而富有！

职业教育服务社会发展，与普通教育相比，我们面临的挑战更大，面对社会对职业教育的认可度不高，面对学生的底子差，面对职校教师的成就感低等，我们没有必要抱怨，抱怨是解决不了任何问题的，因为职业教育的问题最终还得靠职教人自己来解决。如果职校的生死存亡在政府，那么职教的方向在校长，职教的兴衰在全体教师！

专家的讲座给了我们极大的启发，让我们的思维方式有了新的改变。学习完之后我们还有很多的工作要做，我们要把专家的职教思想在一线落地生根，我们要落实职业教育一系列的重磅文件精神，推进"三教改革"、"三全育人"、校企合作、产教融合等，走内涵发展之路！在提质培优的路上，我们任重而道远！

　　在这次培训学习中，非常荣幸结识了各位职教同人，兄弟学校好的做法很值得我们学习借鉴！衷心希望大家常来常往，交流实践经验，天下职教是一家，让我们携起手来，共同成长进步，为推进湖北职业教育高质量发展作出应有的贡献！谢谢！

2022 年 8 月 17 日　　星期三　　晴

十个重点课题

　　归纳我校发展，如下十个重点课题值得探究、总结和提升：

一、农村中职学校教师队伍建设

二、开展技能培训，助力乡村振兴

三、引进能工巧匠，传承技术技能

四、"四红"党建

五、"四自"德育

六、"五步三化"教学模式

七、推进县域中职学校产教融合

八、传承地方优秀传统文化

九、挖掘地方课程资源，立足区域高质量发展

十、中职学生毕业标准

2022 年 8 月 26 日　　星期五　　晴

2022 年暑假教师集训校长主题报告提纲

一、一年来的主要成绩

1. 国家对职业教育高度重视。我校发展方向明确、工作底气十足。

2. 崇阳职校社会影响力不断攀升。全省有位置，全市有影响。

3. 硬件投入近一年来创历史纪录。工匠大楼、风雨操场落成；学生寝室改造，教学设备投入大——按照国家扶优扶强政策，我校享受政策力度大。

4. 教师整体素质大有提升。

5. 各项竞赛成绩显著。

6. 一年来安全有保障，没有出现重大安全事故。

7. 后勤服务保障有力。

8. 服务地方发展有力度，校企合作有实质性的进展。

二、存在的问题

1. 教师的躺平思想抬头。表现为个别教师评职称后不上进，观念落后不创新，8 小时之内工作不认真，8 小时之外不爱学习。

2. 对职业教育认识不到位。表现为对教书育人的本质认识不到位，对职业教育认识不到位，对职校的学生、家长、家庭认识不到位。

3. 意识形态教育有欠缺。

三、2022—2023 年工作目标

1. 上本科一批 10%以上。

2. 上"双高"学校一批 30%以上。

3. 各项竞赛成绩拿省级、国家级奖。

4. 提质培优全面推进，争创"双优"学校和专业。

四、新学年工作措施（六个"全面"、三个"必须"）

1. 六个"全面"

（1）全面推进"三教改革"。抓教师思想、学习（考试）；抓十四五规划教材和校本教材编写；抓"五步三化"教学模式改革。

（2）全面推进"三全育人"。全员：从最后一个抓起；全过程：课内课外；全方位：五育并举。

（3）全面推进思政教育（思政课程、课程思政）和心理健康教育。

（4）全面推进大德育教育。月月德育、"四自"（自信、自律、自主、自强）德育、红色德育。

（5）全面推进校企合作、产教融合。师资校企互聘，学生校企共训。

（6）全面推进工匠人才、文化艺术人才培育工程，服务区域发展。抓好提琴戏协会、烹饪协会、盆景协会、书法协会、太极协会、雕匠、木匠、鼓乐匠、画匠等工作室建设。

2. 三个"必须"

（1）必须坚持正确的办学方向。升学就业两不误；学历教育和短期培训双赢不误；技能提升；提质培优。

（2）必须要有危机意识。没有危机就是最大的危机：生源危机、兄弟学校赶超危机、职教思想落后危机、教师思想堕落危机。

（3）必须时时敲响安全的警钟。主要为：教师的身心安全；学生的心理安全；师生关系安全；设施设备安全；网络舆情安全；疫情防控安全；等等。

同志们，职业教育有党的好政策，有政府的大力支持，有教育局党组的坚强领导，有全校师生的共同努力，在新的学年里，崇阳职校一定会再上新台阶，再创新辉煌！

2022 年 9 月 20 日　　星期二　　晴

做"五型"教师

昨天晚上，学校教研室召开新学年教学研讨会。在会上，我提出要做"五型"教师。

一、做学习型教师。没有学习就没有进步，现在太多的教师，普遍不读书，八小时之内忙备课、上课，八小时之外忙麻将，甚至一年都不读一本书，整天拿一张旧船票去重复昨天的故事，这种躺平思想带给教育极大的痛。

二、做实践型教师。"纸上得来终觉浅，绝知此事要躬行"，没有实践的教育是肤浅的。特别是职业教育的教师，要注重技术技能的提升，只有实践才能出真知。机电部的教师应能熟练运用实训室的机器；信息部的教师应娴熟地运用电脑，并能有一门电脑专技；艺术部的教师要有过人的艺术特长。

三、做改革型教师。职业教育是没有天花板的，可以做到无限大，唯有改革创新才能走得更远。职业教育必须适应市场，适应社会经济发展，与时俱进，改革创新。教师改革创新的精神是职业教育的一种必然。

四、做探究型教师。知识除了探究，没有任何意义。死记硬背是没有作用的。知识只有探究了，才能转化为自己的东西，就像吃进的食物，只有消化了、吸收了，才能化为身上的血和肉。只有经过大脑碰撞了，才能留下印迹。

五、做反思型教师。反思是最好的成长剂。反思可思得失，总结经验，提高思想，提升能力。天天反思，一天一进步，点滴成河，日积月累，天长日久，变化大矣！没有反思的教师就像是拉磨的驴，天天拉，天天苦，永远享受不到职业成长的幸福。做反思型教师是专业成长的必由之路！

2022 年 9 月 22 日　　星期四　　阴

在2022年秋开学典礼上的讲话（提纲）

首先对我校2022级1300名新生表示欢迎！

一、为什么要读职业学校

1. 法律优势。新职业教育法第三条提出，职业教育是与普通教育具有同等重要地位的教育类型，以法律形式将"教育类型"和"同等重要"固化下来，意味着职业教育与普通教育平起平坐，这不是文字性一般倡导，而是要职普同等待遇、同等保障，职业教育保持"本科及以上教育层次"（10%以上）。

2. 社会优势。今年主题：技能让生活更美好。技能关系每一个人的生、老、病、死、吃、喝、住、行，技能无处不在。目前，国家对技能人才的需求2200多万，高级技能人才占比5%，远低于发达国家。而每年本科毕业生上1000万，一边是到处寻找高级技术人才的企业，一边是找不到工作的本科毕业生。

二、读什么样的职业学校

1. 崇阳职校的优势。国家级荣誉6个，办学条件一流，教学质量一流，管理水平一流。

2. 能发挥人才优势。专业设置符合市场，选择专业符合个性。

三、在职业学校怎么读

1. 把道德修养放在第一位。

2. 学好专业技术水平，特别上学好专业技能课。

3. 充分发挥自己的兴趣爱好。

四、对职校学生的几点要求

保持六种状态：端庄的仪态、积极的心态、健康的体态、科学的学态、博学的姿态、学习的常态。

培养七项能力：自我控制能力、语言表达能力、逻辑思维能力、创新创业能力、人际交往能力、自我反省能力、一技之长能力。

争做八有学生：有老总的理想、有专家的技能、有军人的规范、有工匠的精神、有多元的知识、有跨界的思维、有高尚的品德、有综合的素养。

发扬九种精神：团队合作、坚韧不拔、谦虚谨慎、吃苦耐劳、积极进取、求实创新、有效沟通、敢于担当、自信自强。

争做十星学生：工匠之星、孝雅之星、礼仪之星、卫生之星、劳动之星、书法之星、阅读之星、文明之星、进步之星、公益之星。

同学们，新的一年，新起点、新希望，只要大家有敢于拼搏的精神，有自信自强的锐气，崇阳职校一定能成就每一个孩子的出彩人生！

2022 年 9 月 27 日　　星期二　　阴

<h2 align="center">"五步三化"教学模式的探索与实践</h2>

一、创模背景

习近平总书记指出："在社会主义建设新征程中，要培养大批的技术技能人才、能工巧匠、大国工匠。"面对崇阳职校学生这个特殊群体，他们95%来自初中毕业普高线下学生，75%来自留守家庭孩子，1.5%来自单亲或失去双亲家庭孩子。有人说，职业教育的孩子是最难教的。在一些人的眼光中，他们是学习成绩差、行为习惯差、道德品质差的所谓"三差"学生。甚至有人认为职业教育是低人一等的教育，职校的孩子是低人一等的孩子。

教育的希望在课堂，早在2017年，我们就关注、研究职业教育的课堂教学。职业学校存在课堂难组织、学生积极性难调动、课堂教学目标难达成的"三难"问题，同时存在教师成就感低、幸福指数低、教学效果低的"三低"问题，这些问题一直困扰着职业教育课堂教学改革的突破！如何办有尊严的职业教育，把这一批批"三差生"培养成人成才，告别"三难""三低"，2018年2月我们创造性地提出了"五步三化"课堂教学模式，并以此推动"三教改革"，践行崇阳职校"德技双馨、知行合一"的办学理念，做到有教无类、因材施教、多元成才，让职业教育的课堂变得丰富而有活力，为每一个孩子的出彩人生奠基！

二、模式解读

"五步三化"教学模式是以学生为主体，以教师为主导，以问题为主线，以实践为依据，以创新为主旨，以小组建设为载体，以导学为抓手，以评价为效能的教学模式。

五步：即示标、预习、展示、反馈、反思。在此基本的流程指引下，各种课型可有恰当的变化，但务必遵循"自主、合作、探究"的课堂教学理念。

文化课：明确目标→预习自学→展示探究→反馈检测→反思总结。

专业课：明确目标→教师示范→学生展示→合作探究→总结反思。

三化：即信息化、趣味化、探究化。

没有信息化就没有现代化。信息化就是要掌握最前沿的信息，广泛收集和运用课程教学资源，围绕目标，结合学情进行整合，能熟练运用信息化设施设备，做到传统黑板、现代智慧白板、手机终端有机融合。

职校的孩子，文化底子相对较弱，普遍比较厌学，如果课堂没有趣味性，必定显枯燥，因而职校课堂教学必须要有高雅的趣味性，增强知识的吸引力，培养孩子的专注力，才能提高课堂的高效益！

深刻的教育来自深刻的体验。学知识如果不能转化为自己的东西，死记硬背又有什么用呢？第斯多惠说过：一个坏的教师奉送真理，一个好的教师则教人发现真理。只有合作探究，才能达成认知，培养能力，形成智慧。"教是为了不教"，通过对知识点和实践操作的设疑、质疑、探疑、解疑，来激发学生创新精神和自主学习的能力，教育的目的也就达到了！

1. 示标

无论什么课型，首先要让学生明确学习目标，因为学习目标就是要到达的目的地。明确具体的学习目标是课堂高效的前提，科学合理的目标设计，直接影响着学生学习的方向性和学习质量。无论是知识目标、能力目标、情感态度价值观目标，还是课程素养目标、思政目标，都不可太高，也不能太低，要让学生跳一跳能摘到桃子！

2. 预习

具体包括独学、对学、群学。独学要求有收获、有疑问，在对学和群学中解决独学中的疑问，在对学和群学中不能解决的问题，在展示环节集中全方位的点评并解答，教师做好追问、点拨、引导，在对知识的探究和智慧的碰撞中解决疑难、培养能力。

在独学环节开始之前，通常要对上节课有关知识反馈检查导入新课。

检查反馈：检查内容和检查对象上都要注意分层次，并重点关注C层次学生（即潜能生），检查最好以爬黑板方式进行。

新课导入：导入是不可缺少的一个环节，其作用主要体现在激发学习动力、调整学习状态、创设学习情境、建构知识系统等方面。导入新课后要明确本节课的学习目标。

独学：所有能有效地促进学生发展的学习一定是自主学习，如此学生才会有主动性和创造性。

独学过程中对学生的基本要求：课堂纪律以不影响别人的学习为宜。学生以导学案（或以独学过程中教师的问题指引）为抓手，以问题为主线，解决基础类题，人人必过关的问题（这要求导学案的编写必须分层设计，问题分层设计），运用双色笔就独学过程中遇到的问题进行标注记录，带到对学、群学中解决。独学环节完成后，要及时告知本组学习组长。

独学环节对教师的基本要求：教师要高度关注各小组每一个学生的学习状态；尊重个体差异，不搞"一刀切""齐步走"；对个别学生，尤其是后进生要适时点拨指导；独学环节完成时要对各组进行即时性点评。如果独学放在课前进行，就要求教师提前做好抽检，了解学情并组织各小组做好课前自学评价。

教师示范：职业学校的教师注重实践操作能力，在实训课中，教师的示范操作就是标杆。教师实践中的每一个细节、每一个表情、每一个神态都给学生引领示范，教师的职业素养给学生以十足的感染。在给学生示范过程中，还有可能遇到学生提问，教师能给学生形象生动的解答，不仅能让学生知其然，还能让学生知其所以然。

对学、群学："对学"指两名同等学习程度学生的合作学习；"群学"指小组内不同程度学生的合作学习或具体指"学习对子"间帮扶学习。对学、群学环节仍然是以解决问题为主线。

对学生的要求：先对学，后群学，继而深入探究。首先通过同层次学生的对学力求解决独学过程中存在的问题；再以学习小组为组织单位，由学习组长组织成员对照导学案开展有效的合作、探究、对子帮扶，真正实现"兵教兵、兵强兵、兵练兵"。对学、群学的过程，既是解决独学中存在问题的过程，也是发现新问题、探究新问题、解决新问题的过程，从而培养学生发现问题、研究问题、解决问题的能力和创造能力。

对教师的要求：基本上等同独学环节的要求。教师在这一过程中要做好小组学习问题的跟踪调查，并做好必要的问题记录。

3. 交流展示、合作探究

展示分为小展示和大展示。"小展示"指小组内由学习组长组织的展示，组员将学习成果在小组内进行展示汇报；"大展示"指小组在全班进行展示汇报，一般由教师组织，当然也可以由学生代表组织。二者的区别在于展示的范围不同、问题的共性度不同和内容的层次不同。

对学生的要求：展示要体现"四性"——问题性、层次性、互动性、创生性。即从展示的内容上来讲，要展示共性度高的问题，或者易错点、重点、难点、焦点等问题；从展示的分工上来讲，要避免精英展示，增强小组成员的参与度，为不同层次的学生尽可能提供展示的机会，满足个体需要，增强自信心，强化团队合作意识与集体意识；从展示的方式上来讲，要体现出师生、生生的交往，可以是疑难求助、质疑对抗、文本批判、合作表演等多种形式的互动交流；从展示的价值体现上来讲，包括学习的方法总结、规律探寻、学习的新发现、新思考、新感悟或新的成果展示等，这样就避免了展示不高效的情况，也真正体现出展示环节的必要性。

学生展示行为中要聚焦问题，避免"平行站位"；展示者要提前进入预定位置，准备要充分；展示要声音洪亮，语言规范，落落大方，实操时动作规范；展示者要充分运用展示艺术，善于运用肢体语言；板书要迅速、工整规范，合理运用双色笔；实践操作展示沉着稳定，不拖泥带水，最好能做到熟练无误。

听展者的站位要合理，前后由低到高，保证全员观看、听展；坐要端正，站要直立，要做到拥而不挤；听展要认真，不插嘴，不私下议论；要根据展示及师生补充点拨随时记录，做好即时性巩固整理。

展示者展示完后，听展者如有疑问要及时提出自己的观点，其他同学可以进一步质疑对抗；质疑对抗要针对问题，避免不必要的争论；听展者主动质疑、补充要做到有抢有让、语言规范、简明扼要；进行对抗质疑时无须举手，可直接起立发表自己的观点。

听展者在补充评价时，要用第二人称，目视被评价者；不做重复、无意义评价，要积极发现优点，中肯指出不足；大胆鼓励个性化、创新性的观点表露，达到质疑对抗、文本批判、个性解读、创新生成的目的；被点评同学要认真对待他人评价，及时改进。

对教师的要求：组内小展示时，教师进行第二次学情调查；适时引导点拨；及时评价各小组同学展示的情况；在备课中要针对有关问题做相关的预案准备，以便能应对突如其来的问题。

4. 达标测评

通过前面的小组学习与展示，教师组织达标测评。

对学生的要求：整理学案，主要包括对疑难问题的整理、个性化重难点、生成性知识整理、知识系统梳理；结为对子的两名同学相互检查，狠抓重难点、疑点的落实；让学生养成学思结合的好习惯，在反思中不断感悟、不断提升。

对教师的要求：教师根据导学案最后的测试题组织小对子、小组长检查或抽测；教师要进行学情调查，了解整节课学生掌握的情况，分析不同层次学生存在的薄弱环节，并做好记录。

5. 总结反思

反思是总结学习经验，找出不足并提出新的问题，有时间可放在课上，没时间可让学生在课外完成。

"五步三化"教学模式概括地讲有六个支撑：导学案是学生学习的"路线图"，教师示范是学习的标杆；小组合作学习定成败；独学、对学、群学是学生学习的基本方法；学情调查是教学起点；展示、反馈、评价是基本手段；达标测评是提高学习效果的基本保证。

同时，教师在运用教学模式进行课堂教学时，深刻体会到这样的课堂不仅仅是教学，而是教育。在具有生活性、开放性、生成性的课堂环境里，课堂即社会，蕴含着自主、合作、沟通、竞争、创造、自由、批判、挑战，这是落实课程思政的有效措施。

三、解决的主要问题，解决问题的过程与方法

1. 本成果有效解决了如下教学问题

（1）解决了中职学校如何以学生为中心，面向全体、尊重个体，真正实现因材施教、有教无类的问题。

（2）解决了教师满堂灌，学生被动接受，课堂上没有互动、没有生成、难以真正教学相长的问题。

（3）解决了职业学校课堂组织难、学生积极性调动难、课堂教学目标达成难的"三难"问题。

（4）解决了教师成就感低、幸福指数低、教学效果低的"三低"问题。

2. 本成果解决教学问题的过程与方法

（1）以全方位的培训统一教学改革思想。教育教学改革改的是教师的思想和观念。怎样进行教师头脑风暴？靠的是学习培训：培训课改新理念，培训导学案编制，培训小组建设操作方法，培训教学的组织与实施等，以培养输送新思想、新观念、新方法，以思想的统一来达到行动上的一致。

（2）以规范的"五步"践行"教学有法"。遵循核心素养和"自主、合作、探究"的课堂教学理念。五步：即示标、预习、展示、反馈、反思。文化课：明确目标→预习自学→展示探究→反馈检测→反思总结；专业课：明确目标→教师示范→学生展示→合作探究→总结反思。在此基本的流程指引下，专业课、实训课等各种课型可根据教学目标灵活变化。

（3）以科学的"三化"实现"教无定法"。没有信息化就没有现代化，广泛收集和运用课程教学资源，熟练运用信息化设手段达到教学高效率。职校的孩子文化底子相对较弱，课堂必须要有高雅的趣味性，增强知识的吸引力，才能提高课堂效率。通过合作探究，达成认知，培养能力，形成智慧。在具有生活性、开放性、生成性的课堂环境里，蕴含着自主、合作、沟通、竞争、创造、自由、批判、挑战，善于运用，以培养孩子综合素养。

（4）以合作学习小组建设达成自主成长。真正的教育是自主教育。有了小组，许多问题不需要全班解决，在小组内就得到了

校长日记　195

落实和订正，为班级留下了更多解决重点、难点的时间，让我们的课堂变得更科学、更高效；有了小组，评价方式改变了，由原来老师对个体学生的单向评价变为老师、小组和学生三者之间多维立体式评价；有了小组，小组是整体，而不是以前单个的学生，个体被适当淡化后，反而有利于他们重新正视自己，树立信心，自主学习、自主成长。

（5）以全方位的软硬投入保障教学效果。学校每年用于教师培训学习经费近60万元，各专业购买教学软件近300万元。各专业教室、实训室、产教基地、信息化设施设备功能齐全，投入近2亿元。汽车运用与维修专业建有3000平方米大型产教基地，共有8个培训考核区。机械加工技术专业建成普车、普铣、数控车、数控铣、钳工实训室各1个，理实一体化实训室3个，机械加工中心1个，模具设计与制造技术车间2个，1个精品广告设计室；建有汽车运用与维修、数控车铣加工、幼儿照护、界面设计4个"1+X"证书制度试点标准实训室；等等。

四、成果的主要内容

1. 践行了"三全育人"

全体教职员工、全体学生全员参与教学改革；关注教学改革的全过程管理和评价；实现人才培养目标、核心素养的全方位落实。

2. 实现了"五个提升"

教师素质得到了极大的提升；学生的自主学习能力得到了提升；教育教学质量得到了提升；社会和同行的认可度得到了提升；教育教学理念得到了的提升。

3. 达到了"六个转变"

教师从"知识传播者"到激发学生创新创造精神的"引导

者"转变，从注重知识点传授向学科能力提升转变；从单一评价，唯分数评价向多元评价转变；学生由被动学习到自主学习转变；由闭门造车向校企合作、产教深度融合转变；由单一升学向升学就业两不误、服务区域发展转变。

4. 实现了"五个创新"。

（1）育人理念创新。坚持立德树人，知行合一，践行正确的教育三观，遵循职业教育新理念，坚持人格本位、多元成才，创新教育方法，重视学生动手实践，注重学生技能提升。让新时代职业教育的理念落地生根，培养德技双馨的技术技能人才、能工巧匠、大国工匠。

（2）育人文化创新。育人的最高境界是文化，学校注重文化的创新。学校创新"四红"党建文化，创设社会主义核心价值观文化，营造积极向上的班级文化，打造合作共赢的小组文化，布置楼道、走廊的核心素养文化，为教学改革奠定深厚的文化氛围。

（3）改革举措创新。提炼办学思想，为改革提供理念支撑；打造"双师型"教师队伍，全能培养师资；坚持课堂教学主阵地，多元素培养技术技能人才；理论实践双轨运行，培养知行合一全能人才；升学就业两不误，成就学生出彩人生。

（4）过程管理创新。模式确定后，关键是落实。把平凡事做好了就是不平凡，把日常工作做实做精了就是创新。注重以量变促质变，以过程管理促效能。制定并实施一日常规工作管理制度，落实教师教学考核评估机制和学生学分银行建设，从制度管人提升到文化育人。

（5）评价机制创新。建立科学的教学评价机制。教学评价是教学管理的指挥棒，有什么样的评价就有什么样的教育。我们结合"双师型"教师成长要求，制定教师绩效评价考核方案；结合中职课堂的特点，创造性地提出崇阳职校"五步三化"教学模式星级评价量表，从自主、合作、探究、快乐、效率五个 A 级指标和 20 个 B 级指标进行量化评星，以评促教、以评促学。

五、效果与反思

1. 效果

（1）教师素质得到了提升。

在培训、学习、实践过程中，在"五步三化"教学模式的推进过程中，教师的素质得到了极大的提升。教师成长中涌现了一批批教育教学成果：2019 年 7 月，黄亮、庞琼蓉有效运用"五步三化"教学模式，在全省职业院校教学能力大赛中荣获一等奖，另一组教师荣获三等奖；2022 年 8 月，两组教师参加"中银杯"全省职业院校教学能力大赛均获二等奖；2 个省级重点课题结题，5 个市级课题结题。

（2）自主学习能力得到了提升。

一是有了小组之后，许多不需要全班解决的问题，在小组内就得到了落实和订正，为班级留下了更多解决重点、难点的时间，让我们的课堂变得更科学、更高效。二是评价方式改变了，由原来老师对个体学生的单向评价变为老师、小组和学生三者之间多维立体式评价。三是有了小组之后，小组是整体，而不是以前单个的学生，个体被适当淡化后，反而有利于他们重新正视自己，树立信心。

（3）教育教学质量得到了提升。

课堂不仅仅是教学，而是教育。新课堂的信息化、探究化、趣味化，增强了知识的吸引力，"三难"问题得到有效缓解，教学质量得到了稳步提升。学校 95%的学生获得升入大学学习的机会，学生技能竞赛更是成绩斐然，2019年陈迪、王迪之同学参加全国职业院校技能大赛，荣获中职组网络空间安全大赛三等奖。在模式实施期间，10人获得省级学生技能大赛奖，20人获得市级技能大赛奖。

（4）社会和同行的认可度不断提升。

课堂教学模式的改革实施，我校厌学的学生少了，热爱学习的多了；违法乱纪的学生少了，遵守校纪校规的多了；不讲文明的少了，热爱校园的多了；牢骚满腹的少了，自信自强的多了。课堂教学改革使我校的办学内涵得到了整体的提升，社会认可度得到了极大的提高。我校课堂教学改革也得到了兄弟学校的高度认可，先后有通山职教中心、赤壁职教集团、通城职教中心、阳新职教中心等兄弟学校来我校交流学习，省市县多家媒体也争相报道我校"五步三化"课堂教学改革的成果。

（5）教育教学理念得到了极大的提升。

先进的教育理论总是从实践中来。在课堂教学改革的过程中，我们深刻感受到，职业教育必须坚持立德树人，知行合一，必须践行正确的教育三观，必须遵循职业教育新理念，坚持人格本位、多元成才，不断改革创新教育方法，重视学生动手实践，注重学生技能提升。让新时代职业教育的理念落地生根，培养德技双馨的技术技能人才、能工巧匠、大国工匠。

2. 反思

我校"五步三化"教学模式探索发展近五年来，虽然已取得了阶段性成果，但离我们的理想目标还有很大的距离。

需要改进的问题，主要表现为：一是部分老教师的教学观念难以改变，参与教学改革的热情不高，教学改革难以到边到角；二是在小组建设中融合自主学习、自主管理不够深入，存在假合作或合作学习效率不高的现象；三是在实训课中不能达到人人上手、人人过关的效果；四是落实专业人才培养标准不够到位，还有待进一步的探索；五是"三教改革"还有待进一步深入，职业教育的理念和方法还要不断地推陈出新。

职业教育前途广阔、大有可为。探索无止境，发展无极限！在为党育人、为国育才的路上，在培养技术技能人才、服务区域发展的路上，我们任重而道远，但我们有信心、有决心通过改革推进职业教育跨越发展。

Chapter 2　**演讲、案例**

犁园沃土
——做改革创新型校长

争做教育家型校长

《中国教育报》资深记者程默来我校采访时问我:"你当了十年农村校长,感受最深的是什么?"我感慨良深地说:"当校长容易,当一个好校长不容易,当一个经得住时间的考验又能改革创新的校长非常不容易!"

"那你心目中理想校长是什么样的呢?"

"他应该是一个教育家型校长,尊重、敬畏教育的规律和价值,既通晓先进的教育理念,又有丰富而恒长的操作流程和方法。他不仅是个教练,还应该是一个水手,对教育有崇高的责任感和使命感,扎根一线,践行理念,卓有成效——这就是我心中的教育家,也是我毕生的追求!"

多年来,我一直以一个教育家型校长的标准来要求自己,不断地加强自身修炼,不断的改革创新,不断探究教育教学的规律,与学生共成长,和教育同发展。

自我修炼

福楼拜说:才能就是持久的耐性!我一直把它作为座右铭。读书、写作、反思是我一贯坚持的习惯。近三年来,我读了《芬兰教育:全球第一的秘诀》《大师谈教育》《做最好的校长》《高效课堂22条》《杜郎口旋风》《美国中学是这样的》《教是为了不教》《教育新理念》等 30 多部中外教育名著。读书让我接触了世界最前沿的教育理念，在这些先进理念的指引下，我深感教育必须适合学生天性，涵养学生德性，发展学生个性。面对每一颗天使般的心灵，我的每一步都如履薄冰，唯恐违背了教育规律、影响了学生的健康成长而一辈子愧疚难当。在读名著时，我做了 10000 字的读书笔记，每当回顾这些教育大家的名言和典型案例，我深感教育是这样的科学和神圣。在实践中，我坚持写教育日记，近三年来，我写了近 50 万字的教育日记，在教育刊物上发表了多篇教育论文。写作让我的教育思想得以沉淀，让我的教育智慧得以充实。我相信，待我写到 100 万字的时候，去掉三分之二的糟粕，留下三分之一的精华，我定能出版一本教育专著了，到那时，若能销售一两本，能对教育同人有一点点启发，就是我莫大的欣慰。

教育的艺术不在于传授本领，而在于激励、鼓舞和唤醒；校长的艺术不在于行政的命令，而在于思想和行为的绝对引领。每一次全体老师会，我都是先进行思想的教育和唤醒，然后以自己的亲身体验讲教育的本质和规律，老师们都心服口服。为了在"135 高效课堂改革"中起到示范推动作用，我率先垂范，开放自己的每一堂课，全校每一位老师随时随地都可以听我的课。我觉得这既是一种引领，也是一种探究，更是一种共同促进和提高。经过多年的锤炼，我对课堂教学有了独到的想法和做法，在实践上有了游刃有余的空间。老师们在我的影响下，教育观念转变了，教育行为规范了，教育方法科学了，目睹一位位老师的成长和进步，我感到无比欣慰！

打造新教师

振兴教育的希望在教师，有新教师才会有新课堂，有新课堂才会有新学校，有新学校才会有新学生。无论何时，新教师都是教育改革成功的决定性因素。新教师务必要有"三观"，即"教育即人学"的教育观，"以学定教，以学评教"的教学观，"学生是最大资源，教师是班上最后一名学生"的学生观。为践行这"三观"，打造新教师团队，我先后带老师到全国九大课改名校中的杜郎口中学、昌乐二中、江西宁达中学、郑州102中学交流学习，每次学习回来，认真总结反思，寻找差距，不断提高。

培训是最好的教育，培训是最好的管理。除了积极参加上级教育行政主管部门组织的培训，校本培训是我校提高教师素质的重要途径。我们以《中国教师报》为依托，以校本教研网为载体，开展扎实而有效的校本教研。每周一下午第三节课是教师集中培训时间，内容丰富多彩，有谈课改体会的，有谈读书心得的，有谈实践操作困惑的，有谈典型案例的……老师自由发言，学校将其发言的内容记入课改积分薄。为增强教师行为的实效性，我规定每位老师每年必须读教育名著5部，写读书笔记1万字，并在年终进行检查。同时推行推门听课活动，督促老师在课堂上成长。活动是提升教师素质的重要舞台，我每期组织老师举行课改征文比赛、演讲比赛、优质课竞赛、优秀导学案评比等活动，让老师充分享受到在新课改中成长的乐趣。

我校的教师素质提高和评价机制得到了上级教育主管部门的高度重视，今年4月，省市教科院专家来我校调研时给予充分的肯定，并作为省级课题立项研究，给了我莫大的鼓励和鞭策！

培养新学生

我经常到各类学校去交流学习，令我遗憾的是，即使是那些生活在大都市，每天坐在宽敞明亮的教室里享受着现代化教学设施设备的学生，也感受不到教育带来的快乐。教育已经悲哀地退化为单纯的知识灌输和为了分数的强化训练，而读书在太多学生的世界里也渐渐异化为一种痛苦的煎熬和生命中不可承受之重。教师的包办，学生的依赖，已让教育失去生机和活力。难道我们就是这样培养学生的吗？教育本应是很健康的行走方式，学习本是幸福快乐的事情，我们没有理由不转变教育观念，更新人才培养模式。

真正的教育是自主教育，自主教育模式是培养杰出人才的模式。我常想，如果我们培养出来的学生身体健康、习惯优良、品德高尚，有责任心、有爱心，有沟通力、互动力、创造力，我们还用得着担心学生的学习成绩不好吗？为培养新学生，我大力推行自主教育，让学生自主学习、自主管理，把学习还给学生，把课堂还给学生，把班级管理还给学生，让学生在自主学习中享受到学习的快乐，在自主管理中学会自我约束。我倡导的"135自主教育模式"已呈现出巨大的魔力：学习在自主、合作、探究中变得生动有趣，学习效益大大提高；管理在自主、规范、科学中变得活力无限，管理效能大大增强。一位从外地转来的学生说："在港中读书是我的福气，在这里，我找到了真正的自我！"

探索无止境

怀着对教育深深的敬畏和思考，我不断进行有利于学生健康成长的办学探索。多年来的细心观察，我感到：教育效果不好的重要原因在于师生关系的不和谐，其根源是教师的观念落后，教育方法陈旧。我深知当今中国教育不是缺少理念，而是缺乏先进教育理念指导下的操作流程和方法。凭着我广泛的阅读和深层次的思考，2010年12月，我提出港口中学"135高效课堂"，以课堂教学改革为突破口推进学校工作的内涵发展，不断探索接近教育内核的教育。我充分调动全体老师的智慧，不断丰富"135高效课堂"的内涵，并制定了"五会"制度和教师素质评价机制来保证课改的实施。目前，我校的课改已形成了气候，从教师培训、导学案编制、小组建设、课堂流程、课堂评价、课后反思等已有了完整的体系。课改呈现出巨大的生命力，教师不再声嘶力竭地讲，而是先学后教；学生不再是"拼命+玩命"的苦学，而是乐学。师生关系和谐融洽，教学效果大幅度地提升。

  我们的改革创新不仅得到省市县领导的肯定和支持，也得到兄弟学校的青睐。2011年12月《湖北教育》对我校的"135高效课堂"进行专版报道；兄弟学校先后有武汉市二十三中、通山县杨芳中学及本县天城中学、下津中学、青山中学、白霓镇各小学等来我校交流学习；2011年我校获得崇阳县教育创新奖……这一切，不仅是对我莫大的鼓励和支持，更增添了我们改革创新的勇气。

  "路漫漫其修远兮，吾将上下而求索。"教无止境，学无止境，在教育改革的路上，我们没有终点。

  也许我永远成不了教育家，但我会不断地培养教育家的思维，养成教育家的气质，增加教育家的细胞，为我钟爱的教育事业奋斗终生！

（2011年12月）

教育的希望在课堂

——参加湖北省第二届教育高峰论坛有感

湖北省第二届教育高峰论坛区域教育科学与自主发展峰会于 2011 年 11 月 18 日至 19 日在我县新一中隆重举行。参加会议的有来自全省的局长、校长近 500 人和本县教育行政干部 200 余人。这是一次新教育改革的盛会，其规格之高、意义之大、内容之深刻，在我县教育史上是前所未有的。紧张有序的一天半时间，我们领略了专家先进的教育思想，领教了赵丰平等校长的办学睿智。在座的每一位如沐浴在教育的春风里，一句句先进的教育理念荡气回肠，一个个科学的操作流程和方法令我们茅塞顿开。感谢省教育厅和湖北教育杂志社把这次高规格的论坛定在我县召开，让我们品尝到了一次难得的教育盛宴，这必将给我县乃至全省的教育注入新的活力。

会议留给我很多的感动，但更多的是教育的思考。为什么我省出不了一所像杜郎口中学、昌乐二中、兖州一中一样在全国有影响力的课改名校？是我们没努力吗？是我们的价值引导有偏差吗？我们的教育体制机制到底存在多大的问题？……一连的思考，我清晰地认识到：教育的希望在课堂。

课改是素质教育的突破口

我常常到各类学校去交流学习。令我遗憾的是，即使是那些生活在大都市里，每天坐在宽敞明亮的教室，享受着现代化教学设施设备的学生，上着一节又一节的课，也感受不到教育带来的快乐！我深刻地感受到，上课这件事，有太多的地方在学生们的世界里，渐渐异化为一种煎熬和生命中不可承受之重，而课堂教学也越来越蜕变成一种单纯为了分数的训练和灌输。扪心自问：我们是在育人还是在驯化"动物"？你自己的孩子在这样的课堂上，你放心得下吗？——教育的病根在课堂，教育太多的问题要回到课堂上来解决。

课堂是教书育人主阵地，课堂是教育改革的原点。我很难想象，抓教育不从课堂入手，教育将是多么的俗不可耐。有什么样的课堂便有什么样的教育，有什么样的教育便有什么样的国家和民族未来。今天有什么样的课堂将决定三十年后中国什么样的社会。如果今天的课堂是专制的，灌输式的。三十年后的中国，也很难有杰出人才的诞生。我常想，教育偏离了本质和规律时，即使有再多的钱，也只能搭建高楼，徒有躯体，没有思想和灵魂。

全国的课改，山东是做得最好的，最有代表的是课改三驾马车：杜郎口中学、昌乐二中和兖州一中。杜郎口是农村初中代表，昌乐二中是县级代表，兖州一中是市级代表。这恰好堵住了一些人的嘴，说什么农村学校太薄弱不适合课改，市县级学校竞争力太大不适合课改。依他们所说，没有什么地方可改，我想这只不过是职业倦怠者的托词罢了。山东为啥成功了？看来关键是事在人为！

高效课堂是师生成长的大舞台

传统的课堂，老师的一次备课可以教几届学生。课堂教学重预设，轻生成，教师包办，学生依赖。而新课堂改革追求的是高效课堂，追求课堂的高效率、高效益、高效果，从而达到知识的超市、生命的狂欢。

高效课堂对教师的综合素质提出严峻的考验。高效课堂上教师的课堂驾驭能力、知识的储备量以及面对学生智慧火花迸发灵活处理的教育机制，要求我们的老师不得不加强自身修炼，不得不转变教育观念，不得不读新课标，不得不求上进。否则，他就得不到学生的欢迎，得不到同事的肯定，得不领导的信赖而失去教师职业的尊严，必将面临淘汰的危险。所以抓教师专业成长，从课改入手，让教师在课堂上成长是最好的途径。我校的"135高效课堂"是在先进教育理念的指导下，以新课标为依托提出来的，具有科学性、可操作性，是对传统课堂的挑战，是对教师最大的考验。

高效课堂真正把学习的主动权还给学生，让学生享受到学习的快乐。高效课堂是自主开放的，评价机制是科学的，只要学生有思维的激发，有灵感的再现并敢于表达，都不会受到批评和打击，只会受到老师的激励和鼓舞。学生在独学中独立思考，在对学中达成共识，在群学中解决疑难。丰富多彩的展示形式不仅是调动学生学习内驱力的金钥匙，更是培养学生语言表达能力、合作精神和阳光心态的大舞台。在高效课堂上，学生人人参与，人人灵动，共享集体的成果，共品智慧的美餐。

高效课堂是德育的主阵地

小组建设是高效课堂的载体，同时也是德育建设的小单位。当今社会，一个人如果不懂得与他人合作，没有团队精神是难以取得成功的！我们的小组建设，正好培养了孩子的合作精神和团队意识，学生具备了这一品质，将为他日后的成功奠定了坚实的基础。

语文课，我们提倡海量阅读，通过阅读来开发学生的智慧，通过阅读来陶冶学生的情操，通过阅读来提升一个人的品位，通过阅读来修身养性。我想：塑造一个人的品质没有什么比读式教育更有效了。读人生、读社会、读无字之字、读有字之书，读通万物是一种至高的境界。数学课，我们重点探讨一题多变、一题多解、一题多问，培养学生的发散思维能力和辩证思维能力，达到举一反三，触类旁通的效果。物理化学课，让学生走进实验室，亲近大自然。引导学生善于发现生活，提炼生活，从而培养学生热爱社会、热爱大自然、保护大自然的情感！班会课，是学生自主管理的最佳课堂，学生自主总结成绩，寻找差距，相互影响，相互教育。八年级学生吴博是全校出了名的德困生，打牌赌博、逃学上网等恶习屡教不改，班主任老师多次教导、谈心都无济于事。一天，班主任灵机一动，在班会课上把吴博交给班委会处置。一时间，学生们就"如何帮助吴博成长问题"的讨论像炸开了的锅，你一言我一语讨论起来，值日班长忙上忙下，收集大家的意见，最后决定："给吴博同学一个将功补过的机会，一个月内给班集体做十件好事！"这次讨论对吴博的触动可大了，人都是要面子的，每个人都有一种集体的归属感，谁愿意遭一个群体的唾弃呢？自此以后，吴博同学再也没有违反校纪班规！自主管理的功效竟有如此般的神力！

有什么样的评价就有什么样的课堂，有什么样的课堂便有什么样的德育。我们从课堂上学生参与的程度、表现的效度、探究的深度、状态的饱满度、板书的工整度、语言表达的准确度、眼睛的亮度、展示的规范度等方面，对学生进行综合性评价，并当堂公布评价结果，经过我们的探究发现，凡在课堂上生命状态好的学生，他一定是一个品质优秀的学生。

学校的产品在课堂，振兴民族的希望在课堂。让我们以这次高峰论坛为契机，行走在高效课堂的路上，一路奋进，一路欢歌！

竞选"崇阳首届名校长"演讲稿

一个星期一的下午,我到一家卫生院办点事,看见几个穿校服的孩子在打吊针,他们有说有笑,煞是热闹!我好奇地上前问:"怎么了,病了可影响学习了!"他们沉默了一会儿,一个孩子诡秘地说:"打针可以不上课!"

"打针可以不上课?"我心头为之一颤。难道宁可生病也不愿进课堂?

多年来,我目睹孩子们学习的现状,看到他们在课堂被灌输,学习很苦很累,学习热情全无,学习效率低下,而由此造成的大量厌学辍学的现象更令人触目惊心,甚至还有学生把学校比作监狱,从而逃学上网。这一切令我痛心不已!面对这些教育弊端,我认识到教育改革必须从课堂开始,因为教育80%的时间发生在课堂。有什么样的课堂就有什么样的教育,有什么样的教育就有什么样的孩子未来。

我坚信,没有好老师就没有好课堂,没有好课堂就没有好学生。为提升教师素质,我要求老师每天读教育名著半小时,不断更新教育思想和观念,带领教师到全国九大课改名校中心杜郎口中学、昌乐二中、江西宁达中学交流学习,积极组织参加各种形式的培训。通过推门听课、赛课等方式提升教师的课堂教学效率。近年来,我校教师素质有了明显的提高。在今年全省"比教学"活动中，我校初中部21位专任教师中有4人获县级一等奖，3人获市级一等奖，1人被推选到省里参加比赛。

我们关注每一个孩子的进步，让最后一名学生不再受冷落；提高每一堂课的生命力，让课堂充满欢声笑语；调动每一个孩子的学习兴趣，让优者更优，后进者转优；我们的心理咨询室让孩子身心健康；自主管理让孩子习惯更优良；自主学习让孩子成绩更优异。"让每一个孩子在追求完美的过程中体验成功的快乐"是我们的追求！

课改，让我校充满了活力。正如在校园开放日上武汉市二十三中吴晓红校长说："你们学校孩子的阳光、自信，比我们的孩子强！"的确，近年来，我校沉默寡言的少了，奋发向上的多了；厌学辍学的少了，好学勤学的多了。2012年春，学校共流失5人，其中因厌学而流失的仅1人。每年期末考试，教育教学成绩走在兄弟学校的前列。课改，让我校名声鹊起，省市县多家媒体曾先后对我校课改进行了报道，省市教科专家也多次到我校调研。时至今日，已有天城、青山、众望、白霓、实验二小、赤壁、通山、武汉市二十三中等学校近400余人次到我校交流学习，高效课堂的影响已辐射到周边县市。作为崇阳课改的窗口学校，2011年5月全县课改现场会在我校召开，学校连续三年获县市嘉奖！

"路漫漫其修远兮，吾将上下而求索。"教无止境，学无止境，在教育改革的路上，我将一往直前，为我钟爱的教育事业奋斗终生！

（2012年8月）

问渠哪得清如许，为有源头活水来

——在全县教育工作大会上的发言

尊敬的各位领导、各位同行：

大家上午好！

今天，承蒙领导的厚爱，我作为校长代表在这里发言，深感荣幸和惶恐。论资历，我资历尚浅；谈经验，我还是一张白纸。所幸有位伟人说过："一张白纸没有负担，可画最新最美的图画，可写最新最美的文字。"正因为我是初生牛犊才不怕虎吧！下面就我港口中学一年来的课堂教学改革及管理向大家作一个简要的汇报。自2010年将原港口小学并入后，我校成了全县唯一的一所九年一贯制学校。令人振奋的是县委县政府对教育的大力支持前所未有，为我们营造了良好的发展环境；教育局党委多次请教育专家为我们组织讲座、组织培训，使得我的教育观念发生了根本性的转变。如果没有我去年在汉阳区的挂职锻炼和赴山东的考察学习，就不会有今天港口中学的"135高效课堂"，在此我谨代表港口中学全体师生向各级领导和同人表示衷心的感谢！

我常常思考：校长是什么？校长应是"老师的老师"，能造就一个开阔进取、勤奋刻苦、团结务实的团队。校长不仅是一个出色的教练，还应该是一个优秀的水手。为了完善自己，我坚持读教育名著，亲近大师，走近大贤，吸取教育大家的气息，我坚持带主课，三年来写了近30万字的教育日记，学习、反思和写作让我的教育灵魂得以洗涤、教育思想得以提升、教育智慧得以充实。怀着崇高的教育理想和深厚的教育情结,不断去探索教育发展的规律。

宋代思想家胡瑗说过:"致天下之治者在人才,成天下之才者在教化。"我常常想:培养孩子应先育其兽身,后养其人性。孩子们如果身体健康、心态阳光、勤奋好学、习惯优良、理想远大、有责任心、有爱心,有这样素质的学生、学习成绩不会好吗?所以我认为:无论中考、高考,都是在考人品。从另一个角度讲也是在考老师、考校长。由此可见,教育的过程比结果更重要。可现实中,家长的功利思想,老师的急功近利,眼睛盯着的只是分数,根本没有考虑"教孩子三年,要为孩子想三十年,要为国家想三百年"!孩子日后需要什么?我们对学生的一生负责了吗?为什么有些孩子情愿打吊针、搞劳动也不愿意进课堂?教育需要暴露问题,只有暴露问题才能赢得发展的机遇;教育需要直面现实,现实最大问题在课堂。

我校从2010年秋开始,把学习的自主权还给学生。大力推行以导学案为抓手,以小组建设为载体,以问题为主线,以"自主、合作、探究"为方法,以"三维目标"为终点,以全面发展学生为方向的"135高效课堂"教学模式。

课改的第一生产力是教师,具备先进的教育思想是成功的保障。为转变教师观念,我们将每周一下午第三节作为校本培训课,分学科专人负责,以《中国教师报》为依托(《中国教师报》又名《中国课改报》),以校本教研网为载体,以李炳亭的博客和教育大家的名作为主要内容,扎实开展了独具特色的教师成长校本研修。人生不在于长短,在于宽厚,这里"宽"指知识广博,"厚"指底蕴深厚。实践证明:培训是最好的管理,培训是最好的教育。通过培训,我校教师的观念发生了质的变化,课堂教学改革养成了自觉的行为。

传统的备课是备教案，我校遵循"以学为本"的理念，备"导学案"，打破了传统的备课方式。在小组建设中，我们把偌大的一个班额分成若干个小组进行"小班化"教育教学，对小组实行捆绑式评价，充分发挥小组成员的团队精神和合作意识，有效地起到了"兵教兵、兵练兵、兵强兵"的作用。众所周知，教而不研则浅，研而不教则枯。为加快课改的步伐，我自己先动起来，带头讲研究课，并要求中层干部讲观摩课，骨干教师讲公开课、示范课，老、弱教师讲达标课，实行积分制把上课作为评定教师最重要的依据。目前，学校的课改已呈现出良好的发展态势，我校已与武汉市二十三中建立了友好结对关系，与全国九大课改名校之一的江西宁达中学建立了课改合作伙伴关系。

深刻的教育来自深刻的体验，教育就是带着一群不完美的人在体验中走向完美的过程。一位初三的后进生说得好："以前上课我不敢举手，现在我抢着举手，以前不敢上台展示，现在我抢着上台展示，成绩也提高了。"青年教师汪锦说："传统的课堂，老师怎么讲，学生怎么听，很乏味，如今的'135高效课堂'把学习的自主权还给学生，课堂上学生灵感的生发令我激动不已，课改让我享受到了职业的幸福。"

"135高效课堂"给学校管理带来了福音，我们充分发挥各班高效行政管理小组的职能，调动学生的自主管理能力，打架闹事的少了，文明守纪的多了；厌学辍学的少了，爱好学习的多了。今年期末考试，纵向比，我们虽然和城关存在一定的差距，但横向比，我们却取得了前所未有的好成绩，这一切，都取决于"135高效课堂"的生命力。

智力靠智力开发，课堂靠课改增彩。"问渠哪得清如许，为有源头活水来。"教育教学，不再仅仅是传授知识，而在于激励、唤醒。不再以"师"为主宰，而是以"生"为本，以"学"为本。学校管理，不仅靠行政命令，而是靠制度化、人性化。我在带头抓课改的同时，还千方百计地去关注师生的安危冷暖，尽力实施以心换心，以爱博得爱，达到心灵共振。而今就课改而言，我们的教师，从前台退到后台，从刀兵相接的前线退到了指挥部：重谋划、重组织、重生效、重学生能力的培养。课堂成了知识的超市，生命的狂欢，不再是教师独奏独演的阵地，也不是教师与几个优等生的高端对话，而是全员参与的展台，是全体学生激情飞扬的舞场、浇注热血的圣坛、青春飞扬的草地！

5月26日、全县课堂教学改革现场会在我校胜利召开，教育局领导对我校的改革给予充分的肯定，这是对我们莫大的鼓励和鞭策！实践证明，我们的方向是对的，成效是显著的。我们一定不负领导的重托，尊重、敬畏教育的规律和价值，把"135高效课堂"作为素质教育的突破口，通过课改让我们的孩子真正能快乐学习，健康成长！通过课改来造就一批又一批的名师。也许我们永远成不了教育家，但是，我们会不断地培养教育家的思维，养成教育家的气质，增加教育家的细胞。以满腔的热情融入中国教育的第二次革命——课堂教学改革中去。

"天行健，君子以自强不息"，教育是一项事业，需要我们有高度的事业心和责任感去做，作为教育人，我们要精心呵护每一个生命，细心唤醒每一颗心灵，虔心培育每一株幼苗，期待每一朵花儿绽放。素质教育一旦从口号变为行动，从震耳的雷声转为润物的细雨，一个生机勃勃的教育的春天必将到来！

（2011年8月）

课改，到底在改什么

——在全县初高中衔接暨课改推进会上的发言

尊敬的各位领导、各位同行：

大家上午好！今天我能在这里发言感到非常荣幸，非常感谢崇阳一中对我们热情的接待，感谢县教育局为我们提供了一个学习交流的平台。崇阳一中，寄托了崇阳父老多少希望、倾注了多少热血！作为崇阳教育人，我们有责任、有义务关心、支持一中的发展。

教育的生命在课堂，中国的课堂发展到今天，已到了非改不可的地步，有什么样的课堂便有什么样的教育。任何教育改革如果不触及课堂都是蜻蜓点水而不彻底的，全国名校将再一次刷新，新型的名校将是教学改革的名校。我很佩服新一中对传统课堂挑战的勇气，奋进中的崇阳一中正在阔步向课改名校迈进！

课改的第一生产力是教师，没有新教师就没有新课堂，没有新课堂就没有新学校，没有新学校就没有新学生。无论何时，新教师都是教育改革成功的决定性因素。可在现行教育机制下，教师观念落后，教师素质不整齐、不爱学习，教师工资待遇低、得过且过等现象是制约教育发展的瓶颈。我们很多教师宁可做一个务实型教师，也不愿做一个思想型、研究型教师；宁可整天忙忙碌碌，也不愿静下心来想一想，我们到底在培养什么样的人、怎么培养人！今天的教育，或许走得太急切，太功利，以至于迷失了教育的方向。有人说我们已经走得太远，甚至忘记了从哪里出发。诚如此，中国教育危在旦夕！所以，教育第一要改的是教师。值得庆幸的是，我县教育在龙局长的带领下，正在打造一支德艺双馨、敬业乐群的教师队伍。新一中，作为基础教育的高级阶段，正在充当这只领头羊。

课改是在"放生"，是基于"人"内在生命质量和未来发展前景的伟大使命。因而，在当下课改成为教师师德的衡量标准，一个不课改的教师难说有什么师德，一个不对课堂开刀的学校很难说是好学校。课改不是改良主义，而是一场革命，是一次对传统课堂的较量！理念是行为的先导，高效课堂有先进的教育理念在作支撑，没有理念的课堂便是无本之木；导学案是高效课堂的路线图、方向盘、指南针，没有导学路线的课堂是很难实现三维目标的；小组建设是高效课堂的载体，不充分利用小组合作学习的课堂是低效的；高效课堂有规范的操作流程，就像工厂里的流水作业线，缺少任何一个环节都会是不合格的产品；科学的评价、阳光的展示是调动学生学习内驱力的金钥匙；纠错反馈是学生落实知识点、考试得高分的关键。而这系列的改革最终需要老师去研究学生、研究文本、去抓落实，需要我们的老师当好一个高明的导演！

面对课改，有的老师会滋生"老太太搬家"式的患得患失，他们会担心考试成绩会下降，担心于自己多年摸索形成的那些教学经验的安危，担心那些所谓的师德尊严的丧失！但要清楚改革难免会打破"瓶瓶罐罐"，甚至会考验我们敢不敢完成自身的超越，突破经验主义的"囚笼"。改革有一个由浅水区到深水区的过程，只要坚持下去，渡过深水区，就一定会有"柳暗花明"的境界。一中的改革已经取得了阶段性成果，我们衷心祝愿一中不放松、不放弃地走下去，3至5年后的今天，必定是一番新天地。

教育应该呵护孩子自主发展。教育需要真正回到人本、学本、生本上，从学生出发，相信学生、利用学生、发展学生。教育，不仅仅需要赢得分数，赢得升学率，更要赢得学生的身体、生活和精神成长，赢得生命的独立和发展。我们相信，在课改的路上，一中一定会越走越开阔！祝一中越办越好，祝我县教育再上新台阶，再创新辉煌！

谢谢大家！

(2011年5月)

办有品位的学校，做有灵魂的教育

——在 2012 年全县初高中学校管理研讨会上的发言

尊敬的各位领导、各位专家：

大家上午好！

很荣幸参加我县初高中学校管理研讨会，谢谢局党委和一中为我们提供一个学习和交流的平台，这个会定在一中召开，具有其重要的意义。请允许我在这个会上谈谈对教育的理解和对新一中的认识。我认为新一中具有创办全国名校的"八大潜力"，并在逐步形成气候，令我们深受鼓舞。

一、新一中迎来了前所未有的发展机遇

县委县政府对一中的关爱前所未有；局党委对一中的重视前所未有；新一中新的办学条件前所未有；全县人民对一中的企盼之高前所未有……这一切，都为一中的发展注入了强大的精神动力。

二、一中正行走在教育改革的路上

新课改已进入第二个十年，新一中正在抓住机遇，对新时期新学校重新定位，对新学生重新界定，追求新的教与学的关系。《中国教师报》有篇评论文章说中国教育到了最危险的时期。我也不敢这样危言耸听，但教育必须改革才有出路，改革有风险，不改革很危险。在我国教育体制机制还不够完善的情况下，改革是有阻力的——这阻力有来自社会的，有来自教师内部的，也有来

自学生习惯喂养的……面对这些，我们没有理由抱怨，因为我们就是教育体制机制中的人，教育的问题还得靠我们自己来解决。

三、一中正在形成一套符合教育规律的管理制度

教育必须先有规律后有管理，不遵循教育规律的管理是瞎指挥。教育更多的工作是在观察、思考、研究、行动。面对天使般的心灵，我们的每一步都应如履薄冰，否则一辈子愧疚难当。

四、先进的教育理念和流程正在一中生根发芽

中国不缺少教育家，而是缺少像苏霍姆林斯基、杜威等这样的教育大家，我国历史上真正称得上教育大家的也只有两人——先有孔子，后有陶行知；中国不缺乏教育理念，而是缺乏先进教育理念指导下的操作流程和方法；也不缺乏坐而论道者，而是缺少践行者。人们都知道教育应该怎么做，却不愿去深入探究如何做到，在做与不做的徘徊间耽误的是我们的孩子。我县有大批爱岗敬业的老师，正所谓"三军易得，一帅难求"。我县渴求本土教育大师的出现，新一中人杰地灵，气正风清，让我们看到了希望。

五、新教师运动正在一中开展

有新教师才会有新课堂，有新课堂才会有新学校，有新学校才会有新学生。无论何时，新教师都是教育改革成功的决定性因素。新教师务必要有"三观"，即"教育即人学"的教育观，"以学定教、以学评教"的教学观，"学生是最大的资源，教师是班上最后一名学生"的学生观。教育不是说教，教师不是替代和包办，教师不是知识的"二传手"，不是知识的贩卖者，而是灵魂的唤醒者、人格的引领者。

六、新的学习观、知识观已在一中萌发

教育本应是很健康的行走方式，学习本是幸福快乐的事情，我们的学生为什么学得这样苦，我们的老师为什么教得这么累？魏书生一年二分之一的时间在外讲学，李镇西当校长，教高三语文,经常外出考察学习,他们的学生为什么学得那么好?用李炳亭先生的话说他们是把学习还给了学生,让学习发生在学生身上,印证了陶行知先生"知行合一"的理念。杜威说:"知识除了探究,没任何意义。"知识本身没有力量,只有对知识的进一步探究升华,生成见识和能力才具有真正的力量。作为教育人,我们要重新思考学习的本质、知识的本质是什么,不做应试教育的罪人,追求高考绿色升学率。

七、自主教育模式已在一中落地生根

真正的教育是自主教育,自主教育模式是培养杰出人才的模式。学校应是学生自主快乐成长的乐园,不是时间+汗水、拼命+玩命,学校不是培养应试教育的机器、考试的利器。京山一中焚烧资料事件反映的不仅仅是教育行为的不规范,更值得反思的是我们的教育思想和观念,我们的人才培养模式是否科学!

八、一中正在形成一套完备的招生制度

我们完全认可一中提前招生录取的政策,这样既可以保证本县优质生源不外流,又有利于初高中教育的接轨。全国领跑高中昌乐二中、省重点高中华师一附中都有这种招生方式。其实,教育只要遵循其本有的规律,形式是可以多样的。我们也完全拥护县一中向各初中分指标招生的办法,并竭诚希望扩大对农村初中的招生比例。

基于以上八大优势,我们对一中的发展充满信心。一中是全县人民的一中,每个人都有责任、有义务关心支持一中的发展。作为一中教育人,振兴一中责无旁贷;作为初中校长,支持拥护义无反顾。

一中是崇阳教育的一面旗帜。衷心祝愿一中越办越好,祝愿我县教育事业再上新台阶,再创新辉煌!

(2012 年 6 月 10 日)

用教育家的思想办教育

——在 2012 年全县教育工作大会的发言

尊敬的各位领导：

大家上午好！

承蒙大家的厚爱，让我作为校长代表在这里发言，深感荣幸。新课改已进入第二个十年，我县教育正迎来前所未有的发展机遇。令我振奋的是县委县政府对教育的重视前所未有；局党委改革创新的决心前所未有；全县人民对优质教育资源的企盼之高前所未有。这一切都为我们注入了强大的精神动力。

宋代思想家胡瑗说过："致天下之治在人才，成天下之才在教化。"我常想：培养孩子应先育其兽身，后养其人性。如果孩子们身体健康、心态阳光、习惯优良、理想远大、有责任心、有爱心。学生的学习成绩难道就不会好吗？所以我认为：无论中考、高考，都是在考人品。教育本是很健康的行走方式，学习本是幸福快乐的事情，可是，我们的学生为什么学得这么苦、这么累！京山一中学生焚书坑教事件，反映的不仅仅是教育行为的不规范，更值得反思的是我们的教育思想和观念，我们人才培养模式是否科学。学校应是学生自主成长的乐园，不是时间+汗水、拼命+玩命，学生不是应试教育的机器、考试的利器。杜威说："知识除了探究，没任何意义。"知识本身没有力量，只有对知识的进一步探究升华，生成见识和能力才具有真正的力量。作为教育人，我们要重新思考学习的本质、知识的本质是什么！不做应试教育的罪人，追求中考、高考绿色升学率！

真正的教育是自主教育，自主教育模式是培养杰出人才的模式。正是基于这样的理想和信念，我校从 2010 年 12 月开始，拉开了课堂教学改革的序幕，把学习的自主权还给学生。大力推行以导学案为抓手，以小组学习为载体，以问题为主线，以"自主、合作、探究"为方法，以"三维目标"为终点，以全面发展学生为方向的"135 高效课堂"模式。

课改的第一生产力是教师。有新教师才会有新课堂，有新课堂才会有新学校，有新学校才会有新学生。无论何时，新教师都是教育改革成功的决定性因素。教育不是说教，教师不是替代和包办，教师不是知识的"二传手"，不是知识的贩卖者，而是灵魂的唤醒者，人格的引领者。为打造新教师，我们以《中国教师报》为依托，以校本教研网为载体，以同伴互助、教学反思为方式，扎实开展了独具特色的教师成长的校本研修。通过各种形式的培训，我校教师的观念发生了质的变化，教育智慧得到极大的丰富。

传统备课是备教案，我校遵循"以学为本"的理念，备"导学案"，打破了传统的备课方式。我们把高效学习小组、高效科研小组、高效行政管理小组当作小组建设的三驾马车；把丰富多彩的课堂展示形式和激励评价方式作为调动学生学习内驱力的金钥匙，对小组实行捆绑式评价，充分培养小组成员的团队精神和合作意识，有效地起到了"兵教兵、兵练兵、兵强兵"的作用。

教而不研则浅，研而不教则枯。为推动课改，我身先士卒，带头讲研究课，要求中层干部讲观摩课，骨干教师讲示范课，老教师讲达标课。通过推门听课，赛课等方式让教师在课堂上成长。在学校的打造下，涌现了一批课改先锋，如姜志刚、庞智勇、杨国华、汪景、陈秀琼、陈昱、雷立中、吴守斌等。同时积极扩大校际的交流和合作,我校已和武汉市二十三中建立了友好结对关系,全国九大课改名校中的昌乐二中、江西宁达中学已成为我们的课改合作伙伴。

深刻的教育来自深刻的体验,教育就是带着一群不完美的人在体验中走向完美的过程。一位初三的学困生说得好:"以前上课我不敢举手,现在我抢着举手,成绩也提高了。"一位待优生说:"以前我经常违反纪律,现在我安分守己了,因为我不能为我们小组抹黑。"青年教师汪锦说:"传统的课堂,教师包办、学生依赖,重预设、轻生成,如今的135高效课堂,举手如林,学生灵感的生发真令我激动不已,课改让我享受到了职业的幸福。"

我们充分发挥高效行政管理小组的职能,调动学生的自主管理能力,违纪闹事的少了,文明守纪的多了;厌学辍学的少了,好学勤学的多了。今年期末考试,和去年相比,我们取得了很大的进步。这一切,都突出了"135高效课堂"的生命力。

苏霍姆林斯基说过:"课,就是教育思想的源泉;课,就是创造活动的源头;课,就是教育信念的萌发园地。"我们尊重、敬畏教育的规律和价值,把"135高效课堂"作为素质教育的突破口,通过课改让我们的孩子真正能快乐学习,健康成长!通过课改来造就一批又一批的名师。

各位领导,中国不缺少教育家,而是缺少像杜威、陶行知等这样的教育大家;中国不缺乏教育理念,而是缺乏先进教育理念指导下的操作流程和方法;也不缺乏坐而论道者,而是缺少践行者。我县有大批爱岗敬业的老师,正所谓"三军易得,一帅难求"。我县渴求本土教育大师的出现,美丽的崇阳人杰地灵,天府之地,随着"三名"工作的不断推进,我县教育大家必将接踵而来。

最后,祝愿我县教育事业再上新台阶,再创新辉煌!

(2012年8月21日)

为孩子的未来而教

——在崇阳县第三届初高中衔接教育暨课改推进会上的发言

尊敬的各位领导、各位专家：

大家下午好！首先非常感谢局党委和一中为我们提供了这样一个学习交流的平台，非常感谢一中的真诚和热情！

培养孩子应先育其兽身，后养其人性。如果孩子们身体健康、心态阳光、习惯优良、理想远大、有责任心、有爱心，学生的学习成绩难道会不好吗？所以我认为：无论中考、高考，都是在考人品。一中的生命教育理念，自主教育模式，无不体现对人的关注，促进人品质的发展。

教孩子三年，要为孩子想三十年；教孩子六年，要对孩子的一生负责。我们在为孩子的未来打点着什么？这个未知的世界在日新月异改变着：如今10个全球发展最迅猛的职业，在五六年前是根本不存在的！也就是说，我们现在的学生将来会从事的职业，现在还尚未存在。几年前，iPhone才刚刚问世，而如今我们的生活都与APP（就是智能手机的应用软件）息息相关着，并且在全球APP已经相应的带来了1500万个职位的产生。这个世界发展一日千里！我们是在为孩子的未来而教，孩子未来需要什么，我们今天就给予什么！

新一中在搬迁三年来的艰难时期，在我国教育体制机制还不够完善的转型时期，在全县人民的企盼之中，一中以吴志光校长为首的领导班子开拓创新，带领老师走科研兴校、课改强校之路，着力于孩子未来的发展，正一步一个台阶迈进，奋进中的崇阳一中令我们倍受鼓舞。

决定一个人一生成败，有很多因素，可以是贫富、家庭，或者居住的环境。这些社会因素看上去都很难评估，但有一个因素很重要，那就是我们老师！如果我们老师能成就一个学生，那我们的影响力将会是其他那些因素总和的20倍！

我们的确能影响学生们的一生。教师手里握着学生的未来。我们可以倾尽全力成就一个孩子的幸福少年，也可以造就一个孩子的悲惨少年；我们可以成为一种折磨他们的工具，也可以成为一种启发他们的工具。

回想我们对学生的态度如何？谁都喜欢很乖巧的孩子，那太容易了。难就难在，那些往往被我们忽略而又恰恰需要关爱的孩子们；那些想和我们拉近距离，我们偏偏将他们拒之千里的孩子们；那些想要展现自己，偏偏受到我们压抑的孩子，我们为孩子想了多少？

我了解到，崇阳一中老师每周分年级分科目集中学习，开展集智备课，不断地转变教育的思想和观念，教育行为由心动变为行动——新教师运动正在一中发生。一中从最后一名学生抓起，让学生参与班级自主管理，参与食堂的监督，开展全民活动，为每一个孩子提供展现自我、发展自我的阳光舞台，这无疑是一种功德无量的教育。我们相信一中的前景一定很光明！

一中是全县人民的一中，一中是我县教育的一面旗帜，我们对一中发展充满信心，支持拥护一中的发展义无反顾。衷心祝愿一中越办越红火，愿我县教育再上新台阶、再创新辉煌！

谢谢！

聚力赋能提质　助力乡村振兴
——崇阳职校在全省赋能提质推进会上的发言

崇阳县地处湘鄂赣革命老区，属全省 19 个贫困山区县之一。崇阳职业技术学校是一所由政府主办的全日制普通中职学校。学校占地 275 亩，建筑面积 11.59 万平方米，教学设备总值 4396 万元。在校学生 4200 余人，专任教师 203 人。现办有机械加工技术、园林技术（农学）、工业机器人、汽车运用与维修、电子商务、电子技术应用、计算机平面设计、学前教育、酒店管理、会计等专业。学校拥有 4 个国家示范专业、3 个省级重点专业。学校坚持"人格本位，多元成才"的办学方向和"理实一体，德技双馨"的办学目标，办学实力不断提升。学校先后被评为"全国教育系统先进集体""全国职业教育先进单位""全国国防教育特色学校""国家中等职业教育改革发展示范学校"。

2016 年 6 月，学校依靠自身强大的资源，成立了职业技能培训中心，全面承担全县创业就业、贫困劳动力职业技能培养、企业在岗职工的培训工作，根据不同的培训目标，结合不同层次的培训群体，采取不同的方式方法和培养形式，开展各项培训工作，为当地乡村振兴提供了智力支撑和人才保障。"幸福都是奋斗出来的"，靠什么去奋斗？——技能！培养一批批的技术能手、行业精英，是崇阳职校助力乡村振兴的神圣使命！

在各级政府的大力支持下，学校与劳动就业局、乡村振兴局、商务局、林业、红十字会等职能部门紧密配合，同时又紧密联系当地重点企业，加强职业技能培训体系建设，全面开展实施了职业技能提升行动。

一、面向乡村农户，重点群体技能培训，惠及扶贫工程

帮助农村贫困家庭脱贫，是乡村振兴工作的首要任务。我校承担全县 12 个乡镇精准扶贫、精准脱贫家庭劳动力培训，"扶贫先扶智（志）"，开展各项有针对性的培训。在这一块，我们主要从以下三个方面进行。

农村实用技术培训。针对广大的贫困家庭和人员，我们第一轮主要开展种植和养殖培训内容，联合农村农业局的资源和优势，在人社局的指导下，采取"送培下乡"的形式，以乡镇每个村为自然单位开班，进行全覆盖培训，每期开班 7 天，上午理论，下午实践。培训讲师来自我县农村农业局的专家，专家授课接地气、指导有方，培训人员听得津津有味。从 2017—2019 年我校共在全县 74 个自然村培训人次达到了 2585 人次。我县是山区农业县，近几年农民增产增收，我校开展的家村实用技术培训起到了积极的推动作用。正如白霓镇谭家村雄美合作社邓雄辉说："感谢崇阳职校，是技能成就了我！"

就业技能培训。针对贫困家庭中劳动力人员和有文化基础的人员，我们第二轮培训主要开展就业技能培训。以县扶贫办采集和提供的名册为准，确定了家政、叉车、电脑、月嫂和育婴等培训项目，采取的是"到校培训"和"送培下乡"两种模式，离学校近的乡镇贫困劳动力学员组织贫困人员集中到职校来培训，学校免费提供食宿；离学校较远的乡镇采取的是"送培下乡"方式，以每个行政村为单位组织开班培训，人数不够或培训场地受限的村子可与邻村联合开班。近两年，集中培训开设了三个班（叉车、厨师、家政服务）共 362 人，其中培训贫困人员 242 人；

送培下乡开设了 19 个班，共培训贫困人员 1341 人。贫困劳动力职业技能培训共培训 1383 人，让他们掌握了一技之长选择就业，改善贫困家庭生活，提高家庭收入。

新型职业农民培训。什么是新型职业农民？就是以农业为职业，具有相应的专业技能，收入主要来自农业生产经营，并达到相当水平的现代农业从业者。为培养新型职业农民，我校通过与县扶贫办（现乡村振兴局）联系，对全县各村致富带头人进行新型职业农民培训，主要是围绕创业、专业合作社、素质教育与礼仪等方面进行，让他们培训学习后，示范、引领、辐射其他贫困家庭成员，激发他们的培训和学习欲望，从而加入培训就业创业大军，让他们凭一技之长能走得更远更稳。一个人走路可以走得更快，一群人出发才能走得更远，我校注重崇阳县新型农民的整体提升发展，逐步形成一种新型农民成长的气候。

二、发挥学校优势，专项专业技能培训筹备实用人才

我校是国家示范中职学校，具有丰富的教师资源和课程资源，为了让这些资源服务地方发展，我校积极主动承接各科局职能部门培训项目，让培训落到实处，彰显我校的资源优势和培训效果。

美食爱好者培训。我校与崇阳县烹饪协会合作，开展美食进校园、美食进社区、美食进村庄培训，我校组织全县中小学校食堂、村委会食堂工作人员、村社区美食爱好者进行培训。到目前为止，学校共开展美食培训 8 期，培训人员有 800 多人。

乡村干部培训。为了适应新形势需要，提升村、社区基层干部信息化办公水平，进一步提高行政办公效能，打通政策落实的"最后一公里"，精准服务乡村振兴。我们开办办公自动化培训，为白霓、石城、天城等乡镇培训村、社区青年干部 300 多名，为下一步更好地运用信息化办公服务乡村振兴做好了业务和技术上的准备。

三、家校联手共建，利民惠民技能培训助推大众创业

我校共有学生4200余人，背后就有3000多个家庭，平均每个家庭至少有一人可以接受技能储备培训，这是一个庞大的培训群体。同时，随着我县城区教育发展优势而突出的特点，越来越多的孩子涌入县城接受教育，接送孩子上下课的监护人群体队伍日益增多，且大多数都是闲置在家，专为接送孩子，俗称"宝妈"的群体。结合和分析上述两种群体，我校出台了《崇阳职校"家校共建·惠民培训"实施方案》专项培训实施方案，加强针对性的宣传，结合群体年龄、身份等特点，开设不同的培训专业，为他们进行技能筹备培训，主要专业有电子商务、网络创业、办公、美容美发、家庭美食、插花、家政服务。2020年通过线上和线下相结合的模式，已培训了425人次。两类人群接受培训后，在疫情出现之后的新形势下，具备了更多就业形式的机会和选择。

针对我校就业班学生，在他们实习结束后，即将走向社会岗位之前，组织他们参加创业意识培训（GYB）。指导他们树立就业创业意识，规划人生发展方向。争取年培训量200人次。针对我县小微企业店主或有志于创业的人员，组织开展创业培训（SIYB），年培训量达200人次。

四、校企联手共育，新型现代学徒制培训擦亮特色名片

汽修学徒。以学校汽修专业产教基地为依托，以我校成为国家职业院校"1+X"专业技能等级证书试点为契机，加强与驰宇汽车服务有限公司合作力度，辐射崇阳县规模较大的汽车修理4S店，形成汽修企业合作联盟，大批量招收学徒进行企校合作培训，理论集中到本校培训基地学习，实践分赴各4S店进行，形成"招工即招生、入学即入企，企校双师联合培养"的新型学徒制培训模式，2019年以来共对外培训了205人次。

美容美发学徒。牵手美容美发连锁是崇阳美容美发行业龙头，同时也是崇阳工商联美容行业协会会长单位。2018年与我校开始企校合作后，所招学员在我校进行理论课集中教学，主要是职业道德与综合素养、行业发展态势、专家讲座、专业理论课等学习内容，实践课全部安排在各美容美发门店进行，采取师傅带徒弟的形式实行"一对一"教学，实操效果明显，技能培训有质量，场地有保障。由此可辐射全县美容美发行业，培养更多的美容美发学员，解决美容行业从业人员的就业技能瓶颈，扩大社会就业岗位范围。2019—2020年又培训美容美发学徒158人次。

挖机工。湖北珏威工程机械有限公司是崇阳一家大型工程机械公司，主要经营建筑工程、土石方工程、机械租赁与维修等，技术力量雄厚。我校已与该企业签订了校企合作协议，双方均可宣传招生，我校负责组织培训开班，理论教学和培训，珏威公司提供技术、专业师资、实训基地及就业安排。校企联手，大力培养南三县挖机学徒紧缺型人才，形成崇阳培训特色和名片。

保育员。依托教育系统资源，组织全县幼儿园生活老师上岗前必须进行保育员理论+实践培训，进一步强化学前教育师资队伍建设，即在学校参加15天的理论培训，然后被临时分配到各幼儿园参加实操，两个月后参加人社部门组织的保育员（初级）考试，考试通过者颁发证书并正式分配到各幼儿园就业。2019年暑假，组织了352名生活老师进行了保育员（初级）培训，其中328人获得了保育员职业技能初级证书。2020年组织了156人参加了保育员培训。2021年146名保育员培训正在进行中。

岗前培训。2018—2019年，我县先后在全县相对集中村组建设了31个扶贫车间，扶贫车间员工都来自周边村子的贫困家庭成员。绝大部分扶贫车间操作技能就是缝纫和纺织，针对上岗人员，与湖北中健、崇高科工相关企业加强联系，组织和派遣技术人员对入职就业人员进行1个月的岗前培训。自开展以来，我校共培养岗前培训人员 1500 人次。扶贫车间让老百姓在家门口就业，更推动了村级产业的振兴。

五、引进民间高手，能工巧匠进校园培训培养乡村振兴工匠类人才

在县委县政府的号召下，在县委组织部的指导下，学校组织专班力量，在崇阳县民间各区域各团体广泛挖掘本土各行业大师，将他们组织到职校建立名师工作室，聘请他们担任各行业指导者和教学大师。构建培训和学习阵地，让广大村民参与到地方传统产业的学习和传承中去，让当地乡土技术得以传承和发扬。

经过学校实地考察和调研，联系上了多个行业的名师，分别是当地篾匠、雕匠、木匠、石匠、铁匠、花卉师、麻花制作师、灯笼裱糊师、焊接工、汽车维修工、崇阳武术大师等，学校颁发聘书，引进能工巧匠，形成了优良的专职兼职教师团队。学校落实工作室和培训室的建设，组织人员，参加培训，为崇阳乡村振兴、乡土人才建设贡献积极的力量。

六、校村合作，建实训基地

我校在全县 10 个村级产业振兴基地（主要是种植和养殖）开展了深入的合作，定期组织学生到农村基地实践，达到知行合一；专业教师走进田间地头开展教学，达到教学相长，推进了乡村产业的发展。

正是这几年助力乡村振兴工作的大力开展，近年来，学习强国、新华网、人民法治网、今日头条、荆楚网、《湖北教育》、《咸宁日报》等媒体多次对我校技能培训助推乡村振兴工作进行了专题报道；展望前程，我们肩负使命，"乡村振兴战略"的实施依然需要我们付出不懈的努力！我们将保持热忱的心，继续挥洒自己的汗水和青春，谱写乡村振兴的华美篇章！

（2020 年 7 月 14 日）

党建引领发展　铸就职教品牌

——在 2019 年暑假全县教育干部集训会上的发言

尊敬的各位领导：

大家上午好！感谢领导的信任和大家对职校的认可，让我能有机会在这个会上发言。我们始终认为，党建不是面子工程，不是务虚的工作。党建工作是学校健康发展、办好人民满意教育的根本保证。几年来，崇阳职校坚持"不忘初心、牢记使命"，创新开展各项工作。我们的"初心"就是让全县初中毕业生文化成绩相对薄弱的孩子来到职校升学有希望，就业有保障，人生有出彩。我们的"使命"就是做强国家示范品牌，为崇阳的社会稳定和经济发展作应有的贡献。归纳起来，我校党建主要是"四红"。

一、打造红色校园，以党建促学校有品质的发展。我校坚持以"立德树人"为宗旨，以爱国主义教育和革命传统教育为主线，以准军事化管理为载体，以社团活动为内容，开展形式多样的红色教育活动，让每个职校的孩子学有所长、学有所乐、学有所用。随着职校办学品位的提升和社会认可度的增强，今年我校招生火爆，招生计划由 1200 人增加到 1500 人，而实际填报我校志愿的近 1800 人，办学 12 年来，我们第一次解放了招生，感受到了职教人的尊严。从明年开始，我校将申请划线招生，结束12 年来踏遍千山万水、走进千家万户、道尽千言万语的招生历史。

二、培养红旗教师，促各专业发展。我校以提高教师的职业幸福感为目标，让每一位老师体验成长、成功的快乐。自2017年来，我校参加职业教育国培计划达60余人次，双师型教师比例不断攀升，我们充分利用高职院校和知名企业的资源，对我校教师开展全方位的培育提升，把每周二晚定为全校教师集中学习时间，以"七个一活动"推动教师进步。两年来，我校有21位老师在省市教学大赛获奖。最近，在全省教学能力大赛上，我校年轻女教师黄亮、庞琼蓉荣获一等奖，是全市参赛选手唯一获得此项殊荣的教师。学生技能大赛全市第一，全省领先！我校开设有学前教育、计算机、机械模具、汽车等15个专业，学校顶层设计每个专业的发展方向，做到升学就业两不误。"高职扩招100万"，在全省本科计划压紧的情况下，我校的本科升学率达28%，走在全省的前列。我们将大力提高就业班学生的就业质量，考核不合格的学生坚决不让其就业，学前教育的学生全面开展见习和实习；工科类的专业我们引进校办企业，开展现代学徒制培训，让校企合作、产教融合成为全省的典范。

三、培育红星学生，为学生的成才成功奠基。职校的孩子，在很多人看来，他们成绩差、习惯差、品质差，但是他们和哪吒一样，内心深处都有梦想，都有想改变自己的欲望，关键是看怎样去激发他们的潜能，怎样去引导他们成长！我们从行为上规范他们，全校21名教官24小时全程监控学校的每一个角落，不让不受教育的孩子有可乘之机；我们从灵魂深处引领他们，德育大课堂让他们张弛有度，寓教于乐。2018年以来，学生流失率降为有史以来最低，学生在我校读书的幸福感不断增强。

四、开展红色培训，服务地方发展。为了落实《湖北省人民政府关于进一步推进职业教育发展的决定》精神，我校成立了崇阳县职业技能培训中心，为农村劳动力转移和社会失业人员再就业培训作出积极贡献。学校建有一流的电子商务专业培训基地，已办电商培训班 6 期，培训学员 300 余人，同时，开办保育员、月嫂、办公自动化、美容美发等短期培训班，共培训学员 3600 余人，为我县地方经济发展和社会稳定作出了应有的努力。

"潮平两岸阔，风正一帆悬。" 2019 年 2 月，国务院出台了《国家职业教育改革实施方案》，职业教育转型升级全面铺开，处在全面改革创新中的崇阳职校一定"不忘初心，牢记使命"，在教育局党组的坚强领导下，再上新台阶，再创新辉煌！

谢谢！

（2019 年 8 月）

名校长评选票决演讲词

尊敬的各位领导、各位评委：

大家上午好！我叫吴雨金，今年 42 岁。在我县，有一所学校，它聚集了崇阳县几乎所有的学习成绩不好、行为习惯差的学生；在我县，有一所学校，学生 70% 的是留守孩子，15% 的是家庭离异的孩子，1.5% 的是单亲或失去双亲家庭的孩子——这就是崇阳职业技术学校。

面对这样一群甚至连父母都不抱太大希望的孩子，我们怎样把他们教育成人呢？作为校长，我责任重大，使命光荣。招生是职校老师的职责，虽然困难重重，但我觉得这是在挽救一个个孩子，拯救一个个家庭，我们是在完成一项神圣的使命——让这些成绩落后的孩子升学有希望、就业有保障、人生能出彩。我们的眼中没有差生，每一个孩子都需要我们细心呵护和培养；我们的眼中没有后进生，尊重个性、因材施教是我们的根本。我们不能让这些孩子流入社会，危害社会，我们有义务把这些孩子培养成德技双馨、有责任心、有爱心、有担当的社会个体。

公安部门有人这样评价：办好一所职校等于少建一所监狱！这几年，崇阳在社会上流浪的孩子少了，打架闹事的少了，违法乱纪的青少年少了，这难道说没有崇阳职校的功劳？随着我校办学品位的提升和社会认可度的增强，今年我校新生火爆，填报我校志愿的学生有近 1800 人。办学 12 年来，我们第一次解放了招生，感受到了职教人的尊严，展望来年，我校招生势头一定会更好，我们将彻底告别 12 年来历尽千辛万苦、踏遍千山万水、走进千家万户、道尽千言万语的招生历史。

我们不在意别人对我们的评价，我们一心一意办好崇阳的职业教育。凡在我校参加培训的学员，没有说学不到技能的。凡在我校读书的学生，个个阳光自信，没有虚度青春的颓废，有的是充实的校园生活；没有枯燥无味的学习，有的是深刻的社会实践；没有起早摸黑的应试，有的是丰富多彩的尚技活动。我们的课程资源丰富，军事化大课堂训练了孩子生活严谨、作风扎实的良好习惯；技能大课堂培养了学生大国工匠精神；德育大课堂让学生懂得了厚德才能载物、立德才能立身的道理；创业大课堂培养了学生创新创业的精神。我们有信心、有决心让这些旁人眼中的"差生"，三年后走出崇阳职校时有老总的理想，有专家的技能，有军人的规范！

有人说，职校的孩子是没有前途的，而恰恰相反，我校技能高考本科升学率达 10% 以上，居全省第五位，专科上线率100%；学生就业市场广阔，工资待遇高！办学 12 年来，走出了一批又一批的企业骨干，培养了一拨又一拨的行业精英，造就了一个又一个的创业新星。就是这样一所学校，在校长和全体老师的共同努力下，名扬全国，取得了"全国示范中职学校""全国国防教育特色学校""全国教育系统先进集体"的光荣称号。

有什么样的校长就有什么样的学校。我热爱学习，始终以先进的教育思想引领学校发展；我爱岗敬业，一心扑在工作上；我注重教师素质的提升，因为没有好老师一定不会有好学生。教育改革任重而道远,职业教育路在前方。在新的历史时期,我将不忘初心,牢记使命,砥砺前行,为当好人民满意的职业教育的校长而不懈努力!

谢谢大家!

(2019年8月)

教育转型变革时期的学生生命关注

[摘要] 以课堂为主阵地，关注学生的生命状态；以自主教育为核心，激发学生的生命潜质；以第二教育为载体，为孩子的艺术人生奠基；从最后一名学生抓起；教孩子一时，想孩子一生。

[关键词] 教育转型　教育改革　关注生命

新一轮基础教育改革已推行了12年，《国家中长期教育改革与发展规划纲要》也颁布了4年，我国教育正在进行热火朝天的改革，形势喜人，大有"芝麻开花节节高"之势。近几年来，我外出学习的时间较多，也经常到各类学校去交流学习，令我遗憾的是：即使是那些生活在大都市，每天坐在宽敞明亮的教室里享受着现代化教育教学设施设备的学生，也感受不到教育带来的快乐，而读书这件事，在太多学生的世界里也渐渐异化为一种痛苦的煎熬和生命中不可承受之重。校园——这个美丽的名字，在一些学生眼里却是一种害怕和躲避！

作为教育人，我们应该反思，我们到底是在培养什么的人，怎样培养人？随着社会的进步，我们培养出来的学生越来越需要良好的行为习惯、科学的思维方法，具有合作意识和创新精神。可是现实并不理想：我们的学生大多被应试教育的枷锁套着，高分低能，社会适应能力差；有的甚至高度不自信，产生轻生的念头。作为教育工作者，我们是否真正关注了学生的生命状态？我们是否在践行回归人本的教育？如果我们口头上说怎样遵循教育规律，关注生命，而行动上滥布作业，分秒必争，分数至上，那我们将是扼杀人性的刽子手！

教育需要真正地以人为本、关注生命！

从教15年来，我一直关注学生的生命，塑造有个性有灵魂的教育。

一、以课堂为主阵地，关注学生的生命状态

课堂是教书育人的主阵地，是教育改革的原点，有什么样的课堂便有什么样的教育。学生在校70%的时间发生在课堂，有什么样的课堂便有什么样的生命状态，有什么样的生命状态就有什么样的孩子未来。课堂不是教师的一言堂，而是学生的激情奔放、阳光展示的舞场。学生在课堂上不快乐是最大的不快乐。我主张把课堂还给学生，把课堂变为学生的乐场。在新课改"自主、合作、探究"的核心理念的指导下，我们的课堂以丰富多彩的形式呈现，以问题方式把学生带进课堂，实现知识问题化、问题情景化、问题探究化、问题层次化。如在自主学习环节，我注重学生的独学、对学和群学，群学不能解决的问题就是我要和学生共同探究的问题。在展示环节，我总是设计多样的形式来调节学生参与课堂的积极性，如情景式就是创设情景，让学生亲身体验知识。在我的潜意识里，教师决不做知识的二传手，不做知识的贩卖者，而是让学生直接体验知识。只有创设各种情景，让学生身临其境，才会使学生与文本的思想情感产生共鸣，从而学到知识，陶冶情操。又如辩论式，我故意设置两个相对对立的问题，让学生各抒己见，形成对知识的对抗质疑，在探究中学习。又如表演式，在我的语文、政治课堂上，我常设置案例，让学生参与表演，在做中学。还有导游式、竞赛式等。这些丰富的活动形式，让学生的课堂充满生机和活力。

二、以自主教育为核心，激发学生的生命潜质

苏霍姆林斯基说过：真正的教育是自主教育。自主教育模式是培养杰出人才的模式。学校如果能把对学生的制度管理变成一种文化自觉，就是教育的最高境界。我们不仅把课堂还给学生，还把班级管理、学校管理还给学生，让学生真正做学校的主人。我始终相信：人性最深刻的原则是得到别人的赏识和尊重，人最大的欲望是自我展现的欲望。我们挖掘学生的生命潜能，让学生自我管理、自我教育，实现自我成长、成功！我们推行小组建设，把偌大的一个班变成若干个小班进行教学，每个小组内部实行传帮互带，实施兵教兵、兵练兵、兵强兵的策略。同时对每个小组的评价实行捆绑式评价，培养学生的团队精神和合作意识。

我们每个班每天有值日班长，每周有值周班长，他们行使班主任的权利；学校每天有值日学生校长，每周有值周学生校长，行使校长的权利，包括对老师言行进行监督。我们的校园是民主的、自主的，就像一方生态池塘，各个生命都得到良性发展。学校没有打击报复，没有包办和依赖，有的只是生命的自然绽放。

三、以第二教育为载体，为孩子的艺术人生奠基

如果把语数外文化课堂教育定为第一教育，那么课堂以外的教育活动我定义为第二教育。一所学校第二教育活动不丰富的教育是灵魂缺失的教育。长期以来，我们缺乏对学生个性化的生命教育，以学业为主，分数至上，时间+汗水，拼命+玩命，把一个个孩子的棱角磨圆，诚如此，教将不教也！

有人说：教育的希望在课堂上和操场上，一点没错！除了打造高效课堂，我校也一直坚持推行课外艺术教育，成就孩子的幸福人生。我校按照学生的兴趣爱好，成立了烹饪、棋类、写作、书法、音乐、小发明、篮球、乒乓球、羽毛球、武术操等14个兴趣小组，聘请专任教师，每天下午第三节课开展兴趣活动。烹饪让我们的孩子学会了生存；棋类让孩子增长了智慧；书法传承了中华汉字的美誉；音乐让孩子的人生充满歌声；小发明培养了孩子的创新意识；球类、操类锻炼了学生强健的体魄……在每一次活动课上，看到孩子们幸福的笑容、矫健的身影，我看到了生命灵动的活力！看到了一个教育工作者应该做些什么，不应该做什么！塑造有灵魂的教育原来是这么有价值，这么有乐趣！

四、从最后一名学生抓起

教育的价值体现在对后进生的关注上，每个学生都可以成才。米开朗基罗说：在每一块石头或大理石里面都蕴藏着一尊美丽的雕像，一个人仅仅需要把那多余的部分剔除，就能展现出内在的艺术品。

教育失败就在于我们忽略了这关键的一部分。谁都喜欢很乖巧的孩子，那太容易了。难就难在，那些往往被我们忽略而又恰恰需要关爱的孩子们，那些想和我们拉近距离，我们偏偏将他们拒之千里的孩子们，我们关心他们吗？我们可以倾尽全力成就一个孩子的幸福童年，也可以造就一个孩子的悲惨童年。在任何情况下，我所做出任何的反应将会决定一个危机是升级还是降级，决定一个孩子是被人性化了还是恶魔化了。这决定教师的教育人格定位。

我校实现班级后十名平均分制，设立心灵成长室，严格控制学生流失等就是善待后进生，转化后进生的有力举措。

五、教孩子一时，想孩子一生

功利教育是不遵守学生生命成长规律的教育，初中三年，在孩子的一生中是短暂的，我们有没有给孩子铭记终生的教育？一句鼓励的话可以成就孩子的一生，一句肮脏的话可以糟蹋孩子的一生。在老师平时不良的教育言行中，也许我们没有觉察什么，有时是脱口而出，有时是随性而发，站在成人的眼光中，似乎我们并没有错，是应该这样的，但站在孩子的角度看，在他们脆弱的心灵上，我们确实伤害了他们。

苏霍姆林斯基说："在每个孩子心中最隐秘的一角，都有一根独特的琴弦，拨动它就会发出特有的音响，要使孩子的心同我讲的话发生共鸣，我自身就需要同孩子的心弦对准音调。"教孩子一时，一时多则一年，少则一刻或一句话时间，它都会在孩子心中留下烙印。一生时间就长了，如果能用一时的教育影响孩子的一生，我们真是功德无量了！

简单的一句话，说起来很容易，做到是何其难！思想是行为的先导，教师的一言一行务必要有先进的教育理念作指导，教师只有不断学习，不断充电，才有丰实思想理念；只有不断地实践，不断地总结反思，才会积累丰富的教育智慧。功到自然成，只有坚持下去，我们的言行才会越来越接近教育规律，才会逐步回归教育的本真。我们如果做到了"教孩子一时，育孩子一生"，就是在关注生命。

生命教育是一个永恒的话题，它绝不仅是生命安全的教育，而是思想和灵魂的塑造，需要我们不断的探究，用心去实践，为孩子的未来而教！

（2014年10月）

我的校长信箱,学生心灵的信箱

每学期开学典礼会上,我都会向学生们讲这样一段话:"同学们,我的办公室门口有一个校长信箱,这个信箱是专为你们设置的,你们有什么心里话,有什么不平事,或对学校有什么建议等等都可以向信箱投稿,这个信箱只我一人有钥匙,你的信我第一个看到。你在信中要求我看后毁掉的我一定毁掉,要求我保密的我一定保密,我绝对尊重你的隐私权;要求我回信的我一定回信,要求我改进学校工作的,我一定改进……只要你能视校长为知己而畅所欲言,你就是一个对集体有责任心、有爱心的孩子!"

每学期下来,我收到学生的来信不少于100封,装订起来,厚厚的一本,内容很丰富:有写对学校后勤提出改进意见的;有求学习方法指导的;有心理障碍未疏通,请求我帮忙疏通的;有对某老师教学方法不适应而提意见的;有要求我找老师谈心的;有揭发老师侮辱学生人格的;有揭发某某学生违纪而抱不平的;还有跟我拉家常的……

我每周一上午开箱一次,并按照学生信的内容一一落实,该改进的改进,该谈话的谈话,该禁止的禁止,信的语言有的很尖刻,有的很委婉,也有语句不够通顺的……不管怎样我觉得这都是学生心灵语言的流露而倍加珍惜,也时常回一些信,如果信多了回不过来,就安排副校长或学校的知心姐姐去落实。一些棘手不能及时解决的问题，也一定会找来信者谈谈心。我深感每封信都代表一颗纯洁的心，务必要有足够的耐心和爱心去呵护！

学生的来信为学校课堂教学改革的成功带来希望。学生对学校充满活力的课堂的期盼也迫使有些老师必须转变教学观念，接受新思想、新理念，否则你将不会受学生和家长欢迎。八（2）班一位学生来信说："我们的语文孙老师不经常讲普通话，小组建设的评分也不坚持。"我随即找孙老师谈心，说这是学生的企盼！他是一位57岁的老师，不坚持讲普通话似乎情有可原，不进行小组积分评价可就不对了。自我跟孙老师谈心后，他一改往日的工作作风，在每周的教师培训会上认真听讲、认真做笔记。上课坚持讲普通话，哪怕因发音不准招来学生阵阵笑声。小组建设是我校高效课堂的载体，孙老师不仅把每个学生的积分记得很详细，而且还能充分利用小组人员的传帮互带，实行兵教兵、兵练兵、兵强兵。课堂氛围越来越活跃，学生的状态也越来越好。用孙老师的话说："吴校长，我不能落伍啊！我务必要做学生人格的激励者和思想的引路人！我不愿在退休的最后几年戴上'不称职'的帽子。"

学生的来信为教育老师提供了契机。九年级某班的12名女生联名上书，在信里上告某位老师教育学生时超越学生的人格底线，辱骂学生。看完信，我义愤填膺，当即找该老师诫勉谈话，指出这种行为的严重性。该老师态度诚恳，说愿意向12名女生赔礼道歉。当老师低头向学生赔不是时，孩子们感动得流下了眼泪。师生间化干戈为玉帛，和谐民主氛围倍增！

学生的信为学校的管理带来了妙方。"学校应多开展一些体育活动。""食堂里个别学生吃饭浪费，不讲卫生，各班要成立监督岗。""请老师不要对我上课罚站。""我也进步了，我也要得到老师的肯定。""个别老师不要随手丢垃圾。""其实我们也是很要面子的,请老师不要动不动就向家长告状。""我们要求讲究课堂效率,少布置家庭作业。"这些心灵的语言,是天籁之声,为学校的发展带来了福音。

　　信箱的来信让我充分掌握了学校的第一手资料,让我拥有了游刃有余的管理空间,有了真正意义上的话语权,真正摆脱了以往开会时那声嘶力竭的要求与批判。学生反映的一些问题,也正是制约学校发展的问题,解决了这些问题,就能赢得学校跨越发展的机遇!我越来越认识到,学生是学校管理的第一资源,也是最大的资源。我想:有朝一日,如果信箱里不再来信了,我们的工作也就做好了!

(2012年5月)

学生厌学的思考与对策

在很多的农村初中，我们调查不难发现这样一种不正常的现象：初一98%的学生有较高的学习积极性，上初二时学习积极性最高只有70%，初三的就不到40%了。为什么出现这种每况愈下的现象？学生为什么厌学？我们的教育工作者该负多大的责任？

学生厌学是现行教育观念和教育体制造成的。

一、传统的办学理念禁锢了学生的发展。我目睹一些孩子，在刚进校时是多么活泼可爱，脸色红润，两眼水灵灵，健步如飞，可到初中毕业之时，脸色惨白，挂起了眼镜，走路时低垂着头，碰到老师还怯生生的。一个生动活泼的小精灵在初中三年的学习时间里竟被教育培养成了一个没有自信心、身体亚健康的人，实在是教育的悲哀啊！传统的填鸭式的教育让学生的个性埋没，灵魂压抑，思想禁锢。三年来他一直在接受老师知识的喂养，他没有思想放飞的一天，没有感情迸发的一天。三年啦！在知识的蓝天里，他就是一只关在笼子里的小鸟，没有振翅翱翔的机会。久而久之，他们习惯了被动地接受，创新的种子在他心中永远也得不到萌发！

二、应试教育的毒瘤挂在师生的劲上，苦不堪言。也许我们很多老师都明白，包括我们的领导也很清楚，教育这样下去不行啦！教师苦，学生累。几节课下来，老师的嗓音哑了，学生如坐针毡。可明知这样不行还是硬着头皮往前冲。因为学生要分数，老师要教学成绩呀！这样就真能提升学生的成绩？我看未必！

三、教师对学生的不尊重让学生灵魂失衡。老师的观念守旧，当然没有新方法，于是乎，动不动以粗暴相对，轻则罚站，重则对学生人格的侮辱，超越学生的道德底线。学生之间差异是在所难免的，教育必须得承认差异，教师教是为了缩小差异，不可能消灭差异。可是我们的老师看不习惯，怀着恨铁不成钢的心态，对后进生不是关爱，而是打压，甚至当成眼中钉。学生生活在老师冷漠的眼光中怎么能学好这门功课？怎么不厌学？说不定该生今天走出课堂，明天就会走出校园，后天就会流向社会。"教育为社会服务"这句刷在墙上漂亮的"理念"，永远只有一句空话。

四、守旧的课堂模式让学生找不到课堂上的乐趣。白天12个小时，学生80%的时间是在课堂上度过来的？试想，在没有激情，没有创造力的课堂上，学生是多么难受！就是学习成绩优秀的，能学到一点知识又是多么痛苦。如果还是这个教法走下去，厌学的只会越来越多！我常常听有些老师教育学生说："上课要认真听讲呀！"殊不知教师本身就不应该多讲，教堂不应该是老师的讲堂，而应该是学生的学堂，可是，为师者非要表现自己博学的架子，剥夺学生讲话的权利，剥夺学生自己学习的权利。学生的激情被扼制，创造力被扼杀，怎能不厌学呢？

教育，到了非改革不可的地步，只有改革才能逐步消除学生的厌学情绪，只有改革才有出路。怎么改？我认为以下几点是必须做到的。

一、观念彻底转化。教育是一个培育人的工程，不是工厂生产的产品，务必做到以学生的发展为本，学生不是接受施舍的乞丐，他有他的个性思维和发展潜能。教师的职能是把学生的这种带有个性的潜能挖掘出来。教师的传道应是通过老师的言传身教，交给学生学习之道、生活之道、做人之道。授业是交给学生学习探索的方法，让他学会自主学习，为终身学习奠定基础。解惑就是深入到学生当中去，帮助他们解答成长的困惑，使其快乐健康地成长。

二、德育形式多样化。德育是一项庞大的系统工程，需要我们教育工作者化大为小，以细节来育人。其形式应是多样化的，无论是课内课外，还是校内校外，都有育人的细节。在德育方面，也许我们的理念很丰富。但必须有一定的形式来体现，形式的多样化必带来内容的多样化，完整的形式应有每个学生的内容。

三、评价制度最优化。不以分数论优劣，就以品德和能力评高低，分数只是教育的副产品，在课堂上，我们老师要做的就是及时肯定、及时引申、及时赞许，永远带着欣赏，带着笑容对待我们的学生，让学生真正自由自在地学习，快乐地学习。当然一种评价方式也许只能用一段时间，在评价方式上应多样化，如小组间评、组长评、教师评，还可以是效果度评、精彩度评、个性特色评等。在评中，学生得到了尊重，个性得到了迸发，激情得到释放，由爱老师而热爱课堂，从而热爱学习、树立终身学习的愿望。

四、课堂改革深度化。在课改上，我们不乏理念，缺少的是流程，缺少的是操作方法。我们改革的目的是探索最佳的培养模式来促进学生的全面发展。以最佳的操作流程来贯彻理念的实施。这里肯定触及一些顽固落后分子的痛处，学校应以足够的力量来保证课改的动力。奖金和福利待遇聚焦课程。实施教师聘任制，让不思进取的落后分子深感压力。要么在压力中前进，要么在压力中灭亡。当然，对教师成长的应有激励，定期培训也是必不可少的。

"路漫漫，其修远兮，吾将上下而求索。"教育是一项事业，需要我们有高度的责任心和事业心去做。教育规划纲要为我们指明了教育发展方向，接下来应是我们在纲要的指导下寻找达到目标的路径。"天行健，君子以自强不息。"在教育的春天即将来临之际，我们要激情满怀去迎接！

(2012年3月)

让制度为课改护航

教育的希望在课堂，教育的难点在课堂。纵观很多的课改学校，为啥中途夭折？大多的原因是制度不健全。一套好的制度必能促进一所学校的良性发展。我校自推进课堂教学改革以来，尤其重视制度建设，让制度为课改保驾护航。

一、健全教师培训学习制度。教学改革中，教师是决定性因素，但参差不齐的教师素质会严重阻碍课改的推进。如何确保每位教师真正执行课改理念，把课堂还给孩子，我们重视教师的培训学习。学校每期组织教师外出学习，组织教师同读一本书，如《高效课堂22条》《我给传统课堂打零分》《高效课堂导学案编制》等。同时学校每周发放教师学习资料，要求教师每学期写读书笔记一万字。我们以学科组为单位，对教师实行分组管理，每组4至5人，老中青搭配，让他们相互影响，共同提高。

二、建立以行政领导和科研人员为骨干的课改督查制度。由督查组负责定期对每位教师课堂教学进行评估验收，不合格者停课学习，观摩"课改先锋"的优质课，一学期下来，由督查小组对老师的听课、讲课、备课评课等评估打分，打分结果记入教师综合考核评估中。

三、实行推门听课制度。推门听课，给了老师强烈的课改信号。学校规定：每学期行政人员须推门听课15节，教师互相推门听课10节,在周一的行政例会上,行政人员须将每周听课情况作出分析,对存在的典型问题要及时反馈给被听课教师。学校将听课的情况作为教师期末考核的依据之一。推门听课,改变了学校管理的方式,改变了教师教学的状态,促进了教师专业化发展,学校也由关注教师成绩转向关注教师教学过程,教师则更注重自己教学流程的完善和教学效率的提高。

四、实行行政领导蹲点制度。在高效课堂推进过程中,导学案编写是非常重要的一环,是课堂高效的基础。为了落实对导学案编写的督查,学校安排行政领导到各学科组蹲点,重点负责导学案的验收。导学案在付印前须交负责人审核,审核的内容具体到导学案的格式、学习目标的确定、导学问题设计、导学流程的安排等方面,保证了导学案的质量。

五、实行集智备课制度。为了从源头上保证导学案的质量,体现导学案是学生学习的路线图、方向盘、导航仪的作用,落实导学案集导、学、练、测、评于一体的功能,我校制定出集智备课制度。具体流程为教师备"个案"→备课组形成"共案"→教师个性化处理("个案")→教师上课后反思形成"补案"。学校还规定每周二下午文科集中集智备课,周四下午理科集智备课,要求做到"四定",即定时间、定地点、定主题、定任务(本周备下周课)。

六、开展绿色评价制度。有什么样的评价就有什么样的教育,评价决定着教育的命运。传统课堂中,教师关注的是知识,对学生生命的状态缺乏足够的重视。学困生长期被边缘化,成了学优生的陪衬,这类学生往往会成为学习品行的"双差生",是学生管理中最费时耗力的教育对象。当每位教师眼中不仅只有分数时,当每位教师把"从最后一名抓起"当作一种常态时,当我们能全方面客观科学(即绿色评价)他们时,我们会发现这些孩子身上其实也有很多闪光点。这样，这些孩子内心往往就会被我们唤醒，善良就会萌生，他们的生命就会呈现出一种蓬勃的状态。如果班级中能形成一种亲情洋溢、友爱和谐、乐善助人的班级文化时，孩子哪怕是一块坚冰也会被暖化。

七、实施对留守孩子的关爱制度。特别是留守孩子，亲情缺失，监护失位，学校五天教育抵不上学生在家两天"真空"。留守儿童教育问题成了教育中最突出的问题。我校本着"以人为本，幸福学生"宗旨开始了爱心家访。家访的对象包括德困生、学困生、特困生、特长生、进步生、爱心缺失生等。家访中，我们不仅做到有计划，有方案，有步骤，有记录，每次还必须有行政人员陪同，确保家访的效果。我们做到因人施访，因事溯源。一次不行两次，两次不行三次，直至解决了问题为止。通过家访，我们了解到很多平时忽略的东西，看到孩子行为表象背后的社会根源。学生的心锁打开了，体会到了教育的温暖，学校就有了吸引力，学生就更愿意待在学校，自然就会爱上学习。这种教育的力量远胜于课堂空洞的说教，因为它真正地走进了学生的内心世界。

在制度的保障下，我校改革取得一点点成绩，不过教育之路漫长而艰难，课改之路崎岖而曲折，制度落实还有待深化。但只要我们意志坚定，瞄准靶心，奋勇向前，终会有一天，我们会欣赏到烂漫的春光；因为，我们正行走在越冬的路上！

(2012年6月)

创新载体　让德育工作日常化

立德树人是教育的根本任务。学校要坚持党对教育事业的领导，强化夯实组织保障，把抓好党建工作作为办学治校的基本功。近年来，咸宁市崇阳职业技术学校党总支充分发挥党组织的战斗堡垒作用和党员教师的先锋模范作用，坚持党建引领，以丰富的德育活动为载体，厚植师生爱国情怀；实行准军事化管理，培养学生良好的行为习惯；推行校企合作产教融合，提高学生综合素质，提升学校办学质量。

创新德育载体，强化爱国主义教育

开展爱国主义教育是学校德育工作的重要内容。崇阳职业技术学校坚持以爱国主义教育为德育工作主线，加强对学生的爱国主义教育，开展丰富的校园活动，以潜移默化、润物无声的方式滋润学生心田。

学校以丰富的德育活动，激发学生的爱国主义情怀。通过发起"激扬青春、歌唱祖国"快闪、"我和我的祖国"演讲比赛、"读一本好书"等活动，引导学生重温革命历史，体验民族精神的时代内涵，培养学生的责任感。清明时节，学校组织团员开展"祭英烈爱祖国、知党恩、跟党走"活动。在崇阳革命烈士纪念馆，党员教师带领团员学生向革命先烈献花，并重温入团誓词。

通过瞻仰纪念馆的图片、文字及革命历史实物，学生深切感受到中国共产党人的坚定信念和为人民英勇献身的大无畏精神。

规范德育管理，促进素质教育日常化

实施准军事化管理，是对学生进行行为规范教育和职业素质教育的有效办法。学校党总支从实际出发，以人为本，在学校实行准军事化管理模式，将理论学习和实践训练相结合，规范管理和养成教育相结合，让学生在准军事化管理中养成纪律严明、吃苦耐劳、严谨求实的生活作风。

天天晨训。学校成立准军事化管理训教中心对学生实行军队建制管理。全校为一个营，下属信息部、机电部和艺术部，一个部设一个连。学校党总支、政教处管营，三个党支部各管一个连，党员教师深入各班参与管理。每天早上，营部将全校学生集中到操场上晨训，党员干部和训教干部轮流主讲，总结通报校园纪律及寝室卫生情况，表扬先进，诫勉不足，对当天的学习生活提出具体要求。通过"以训促管"的形式，学校夯实学生管理工作，培养学生的纪律意识，提高学生的自我管理能力。

周周竞赛。学校每周组织各连开展各类竞赛活动，给学生提供展示平台。"军歌竞赛"激发学生积极生活、不怕困难的勇气；"内务竞赛"培养学生爱劳动、爱整洁的生活习惯；"才艺比拼"展示现代中职生的青春风采；"劳动竞赛"让学生体验农活感受劳动艰辛，懂得感恩；"技能竞赛"展示学生学文练技的成果。通过"以赛促教，以赛促学，以赛促用"的方式，学校丰富了校园活动，增强了德育工作的实效。

月月评比。学校党总支充分发挥团委、学生会干部的作用，引导学生参与学校日常管理。学生会、纠察连对全校实施分层管理，严格检查学生的"军风""军纪"，培养学生的自我管理能力和服务意识。每月,学校建立有效的竞争激励机制,对全校师生进行考核评比,对专业部(连队)、班级(排)、学生个人德育表现进行严格考核,对成绩突出的集体和个人及时给予表扬。学校树立榜样典型,组织学生学习身边的榜样,以榜样的力量推进学校德育工作的开展。

期期军训。每学期,学校组织为期2周的新生军训,让刚入校的新生接受特殊"洗礼",引导学生将"学习军人作风,完善自我形象""烈日下练就钢筋铁骨、风雨中培养铁的纪律"的口号化为实际行动,增强体质,磨炼意志。通过军训,学生逐渐养成良好的行为习惯,做到遇到老师礼貌问好、就餐自觉排队有序往返教学区……学校教育教学工作顺利开展,学生课堂秩序井然,良好的校风逐渐形成。

校企协同育人,提升学生综合素质

学校突出办学特色,坚持校企合作协同育人,提升学生的综合素养与竞争力,推动学校德育工作制度化、规范化、有序化发展。

"招生如招工,进校如入企",为促进校企合作,学校进一步推动专业人才培养与产业发展相结合推动人才需求与人力供给相匹配,更好地服务于地方经济发展。学校敞开大门,让学生走入社会接受锻炼,树立正确的价值观,掌握过硬的专业技能。学校党总支委员分别蹲点各专业部,积极探索与企业合作育人的路径,努力实现产教融合,引导学生在工学结合中养成良好的职业道德。

学校与省内外68家企业签订合作办学协议,与企业共同组织开展学生工学结合期间的德育工作。电子专业同湖北三赢兴科技有限公司开展工学结合,学校派出学生到企业开展实训,同时安排党员教师负责学生工学结合期间的生活管理和德育工作，引导学生树立正确的世界观、人生观、价值观，坚定理想信念，增强社会责任感。学生通过学习，有针对性地提升专业技术能力，为以后就业与发展做好准备。

学校学生大多来自农村，其中很多为建档立卡贫困户子女。依据学生自愿原则，学校每学期选派学生到县内企业进行为期两个月的工学结合，培养学生吃苦耐劳的精神，同时为学生提供劳动创收平台，帮助解决学生的生活费用问题。

崇阳职业技术学校将学校党建工作与德育工作深度融合，利用中职学生参与社会实践的时机，对学生进行爱岗敬业、诚实守信为重点的职业道德教育，培养学生的学习实践能力，提升学生的综合素养。学校先后荣获"全国教育系统先进集体""国家示范中职学校""全国职业教育先进单位""全国国防教育特色学校"等荣誉称号。在党的十九届五中全会精神的指引下，学校将以校企合作为平台，开拓崇阳职业教育更广阔的新天地。

（本案例原载于《湖北教育》2021年第19期）

"构建和谐校园文化 推进教育均衡发展"省级重点课题研究——浅论新的课堂文化

有什么样的课堂文化就有什么样的教育，有什么样的教育就有什么样的学生。课堂文化决定着教育的命运。在新形势下，新的课堂文化应该是什么样的呢？根据我的理解，浅谈如下。

一、新课堂应是关爱学生身心，关注生命发展，构建生命的课堂

《基础教育课程改革纲要》强调：教师应尊重学生的人格，关注个性差异，满足不同学生的学习需要。因而，新课堂文化要求教师把关爱学生的身心、尊重学生的人格作为首要任务来实施。没有关爱学生的课堂，就不会有互动，更谈不上活力四射；没有尊重学生的课堂，将会"死水一潭"，甚至会产生师生抵触的局面。

没有爱就没有教育。爱是一种沟通，一种包容，一种接纳，一种力量。在课堂上，教师只有真正关爱学生，学生才会感到被信任，才会接纳该教师的全部，才能向教师毫无保留地敞开自己的心扉，提出自己的疑问，说出自己的见解。特别是那些后进生，只要教师付出真诚的爱心，就能消除他们心中自卑的阴影，唤醒他们的自信心，才能使他们从教师的关爱中体验情感的支持，从而参与到班级集体的教学活动中来，从中获得学习的乐趣，增强学习的信心。

尊重学生，关注生命的发展。在新课堂文化的教学中，教师的职责是组织和引导好学生学习。"好问"是中小学学生的天性，面对着那些天真无邪的学生，面对着他们提出的各种"幼稚""天真"的问题，或"刁钻""古怪"的回答，教师的态度是怎样？新课堂文化提倡教师应尊重学生，包容学生，给学生应有的鼓励和指导。学校不能轻易地否定学生的学习需要，而应该充分利用学生"好问"的天性，即使学生的问题是那么的"幼稚"、那样的离题万里，他们的回答是多么的"刁钻"，教师也不要轻易地打击他们的学习积极性。教师的课堂评语应是肯定，充满鼓励的。只有这样的课堂，师生才能进行心与心的交流，学生的身心才能得以舒展活跃思维；师生真情关爱，民主平等，使得师生和谐共处、情感交融、愉悦互动，大大地提高了学生学习的积极性。相反，没有尊重的课堂没有体现生命的"需要"，更谈不上是生命的发展。

因此，新课堂文化认为，生命的课堂应该是尊重生命的独立，呵护学生生命成长的历程，倾听学生生命的"脉搏"跳动，在和谐、平等的师生互动中，共享学生生命成长的真实体验。

二、新课堂应面向全体学生，创设和谐环境，构建生态的课堂

每一个学生都是一个独立的个体、有生命力的小环境。由这些独立的生命体组成的课堂无疑便是一个大的生态环境，也可以说是一个自然的生态园，学生就是生态园中的花、草和树木，而教师就是生态园中辛勤劳动的园丁。为了使生态园更生态、更美丽，他们无怨无悔，无私奉献。因此，对于新课堂文化，生态的课堂是指和谐平衡的课堂文化，就初中课堂教学来说，课堂教学讲究教与学要平衡、师与生要平衡、引导与探索要平衡。这一系列的平衡是建立在师生和谐共处的基础上，只有和谐的生态环境，才能培养出美丽、生态的生态园。

1. 创造和谐教育环境，还学生学习空间。卢梭说过：教育必须顺着自然——也就是顺其天性而为，否则必然产生本性断伤的结果。学校传统的课堂教学只是封闭的室内教学和"填鸭方式"的教学方式，学生的学习积极性不高，甚至讨厌读书，这种课堂文化已经远远不能适应现代教育发展的需要。新课堂文化指出，生态的课堂为师生发展而教，为师生发展而学。课堂教学应该是顺应学生学习的自然，教师在课堂上的教学活动必须顺应学生的学习和学生的发展。因此，新课堂上的师生平等、和谐共处的教学环境呼之即出，师生的"教"和"学"在和谐中自然地生长，教师的主体精神和学生的主体精神都得以充分的展现，在课堂教学中应还学生自由发展的空间，还学生真情洋溢的世界，还学生心向自然的情愫。

2. 走进学生的课堂空间，让学生在快乐中学习。素质教育指出学校的教育方针是提高全民族的素质。因而，面向全体学生成为教师的课堂教学的重中之重，在课堂教学中，教师不能片面地只看学生的成绩，忽略学生的内心世界的呈现。在新英语课堂中，教师应该走进学生的课堂空间，尊重学生，尊重生命的个体，尊重每一个学生内心的发展要求，满足学生独立个体的需要，顺其自然、因势利导，为学生创设一种自然宽松的教学环境，让他们快乐地学习、自由地成长，然后，逐渐发现他们各自的天赋，然后才有的放矢地"施肥灌溉"，激发他们内在的潜能，开发他们各自的创造能力。这样的教学环境没有盆景工艺式的缠扎，没有驯技强化般的鞭打。教师的话语诗意盎然，如春风化雨，滋润学生的心田；教师的笑容激情荡漾，似阳光和煦，温暖学生的心房。这样的教学真正地体现了教与学平衡、引导与探索平衡、师与生平衡，更重要的是它完全体现了课堂教学中对生命的关爱和尊重，展示了英语课堂教学的科学性"真"和人文主义精神"善",有利于后进生的成长。

因此,新课堂文化认为,生态的课堂教育应该顺应自然,顺应学生各自的天性,在和谐温馨的课堂教学气氛中,让这些"小树"快乐地学习、自由地成长。

三、新课堂依托课堂情景,联系实际生活,构建生活的课堂

陶行知先生曾说过:"生活即教育。"也就是说,世界处处即生活,处处有教育。整个社会是生活的场所,学校的课堂也是生活,也是教育。

联系实际生活,唤醒学生"认知"。知识不是从天上掉下来的,也不是从地里冒出来的,更不是人的大脑天生固有的,而是由先人通过了解、认识,经过反复地实践和研究得出的经验总结。因而,新课堂文化要求在课堂教学中,围绕每一节课堂的话题,与实际生活联系起来,切实地开发课堂上的课程资源,灵活地把与教学内容有关的社会信息与实际生活中应用知识的事例结合起来,实现"教学回归生活"。在课堂教学的过程中,充分调动学生学习的积极性,特别是那些后进生,让他们自己去认识、领悟知识,了解社会生活。

因此,新课堂文化认为,知识来源于生活,又服务于生活。生活的课堂应贴近实际生活,把抽象的知识具体化、形象化,让学生看得见,摸得着,在感受中认识,在认识中理解,在理解中升华,从而达成自主学习的意识,完善学习的自我认识。

四、新课堂突出学生主体,注重体验参与,引导探究学习,构建生本的课堂

1. 突出学生主体,关注个体差异。课堂是教师的"阵地",也是学生的"战场"。教师的课堂教学必须以学生的自我提高和发展为出发点,突出学生的主体的作用,不能避实就虚,否则就会陷入传统教育以教师为中心的"满堂灌"圈子里。新课堂文化的课堂是学生自主的课堂，教师组织教学必须还学生主动学习的权利，突出学生的主体性，让学生自己学习、钻研。由于学生的个体差异的存在，对于不同的学生，在课堂上，教师尽可能地为学生提供自我选择、自我探索、自我思考、自我创造、自我表现和自我实现的空间。同时，学生在课堂上和课本上学到的知识是有限的，仅凭教师的每一次45分钟课堂进行教学是远远不够的，课堂上更多的、更合理的时间应留给师生共同解决学习困难、研究学习课题和探索知识奥秘。尤其是那些后进生，引导他们克服学习困难，解开学习的心结，带领他们自我探索、自我思考、自我表现，他们越有机会表现自己，就越会更加积极地投入到课堂教学活动中来，这样日复一日，年复一年，他们的学习积极性提高了，他们在不断的表现中产生了自我发展的要求和愿望，由此来推动他们主动把握机会，争取机会，甚至创造机会，提高自我，完善自我。

2. 注重参与体验，培养自主意识。当今社会，学生独立性差，依赖心强，缺少承受挫折的心理品质和克服困难、创新求实的坚强意志。传统的课堂教学已经让有些学生失去信心，他们完全依赖教师的传授，甚至连答案也希望教师给出，更不用说让他们在课堂上提出问题、回答问题，这就是传统课堂教学的最大弊病。新课堂文化提出：要解决这个问题关键在于课堂上激发学生的学习兴趣，充分挖掘学生的各项潜能。教师要处理好课堂上的每一个教学细节，比如，从贴近生活的教材入手，让学生感悟身边的知识，写下自己经历过的故事；通过课外的生活材料，把它制成教学幻灯片来进行教学。教师能使课堂上的每一个教学内容由抽象到具体、由烦琐到简单，让学生在生活体验中学习，在体验中成长。

3. 展开师生对话，引导探究学习。新课堂文化提出师生是课堂教学的参与者，课堂教学的目标和任务都是由师生共同完成的。因此，新课堂重视师生间的相互沟通、共同探究。这完全不同于传统的课堂教学。学校传统的课堂教学，学生被动在接受教师的传授，课堂上缺乏师生的沟通和互动，忽视了对学生实际能力的培养。在新课堂教学中，教师是课堂教学的组织者，组织课堂教学，推动师生互动和生生互动。对于那些中等生和后进生来说，还是学生学习的辅助者和促进者，在课堂教学的过程中，提倡合作学习，使班级形成一股自由对话、相互合作、相互交流、共同探讨的良好学习风气，让他们在自主自由地探讨中，互帮互助，共同学习，共同提高；也让学生在快乐的合作学习中，总结出自己学习的经验。

4. 作出自我评价，释放自我能量。教育是一个动态的过程，学生的学习及发展也是一个动态的过程。因此，在课堂上，教师绝不能只看成绩而不看学生的学习过程，把对学生的评价重点放在学生的学习过程上，尽量多鼓励，对自己的学习进行自我评价、自我反省，总结自己学习的得失，为调整自己以后的学习目标、制定更好的学习计划作好了铺垫。这不仅会使学生对自己的学习水平产生一种强烈的责任意识，还是激发学生自主学习的内部动机的主要源泉，更重要的是还让学生持续关心自己的学习成效。这是学生对自己意志品质培养的重要表现。所以，新课堂文化认为，教师应尽可能地将自我评价引入课堂教学中，使课堂成为教师和学生共同努力、共同发展的工作空间。

因此，新课堂文化认为，以学生为主体，不仅把他们看成教学的主体，同时也是教学资源、动力之源、能量之源。在课堂上，他们是受教育者，同时也是教育者。教师应紧紧依靠学生的内驱力，发展学生的学习天性，释放学生的个体潜能，达成自主学习的目标，实现自我发展。

"构建和谐校园文化 推进教育均衡发展"省级重点课题研究——浅论分层教学法

崇阳县新城关中学是我县大力推进均衡教育，实施教育资源大整合后建在城市里的一所农村中学。在校学生近5000人，其中三分之一学生来自我县城区，三分之一来自平丘，三分之一来自山区，是一所典型的城乡融合学校。与城区兄弟学校相比，生源较差、较杂。教师们一般根据中等生的水平进行教学，结果出现好学生吃不饱、后进生吃不了的现象。从初一下半学期开始，两极分化逐渐显现，到初三便发展到白热化的程度，给学校教学与管理带来一系列棘手的问题。为此，我校教师在认真学习教育教学理论和先进教法的基础上，从学生实际出发，采用"分层教学法"，即根据不同学生的知识水平，提出不同要求，采用不同方法，使每位学生都能得到充分发展。本文就"分层教学法"的依据和实践做一些论述。

一、实施"分层教学法"的依据

1. "分层教学法"符合素质教育的要求

"应试教育"实质上是"升学教育"。学习成绩差的学生提出的要求，老师总是"充耳不闻"，即使举手，也是"熟视无睹"，甚至被"劝"离学校。这些做法客观上剥夺了后进生应有的权利和个性得以发展的机会。早在2000多年前，孔子就强调有教无类，因材施教。"分层教学法"将每一位学生都纳入教育对象，并提出都能接受的要求和目标，从而为每位学生提供了表现自我的舞台。

2. "分层教学法"符合因材施教的原则

因材施教的原则，要求教师从学生的实际情况出发，依据学生的年龄特征和个性差异，有的放矢地进行教学。这里包括两方面的含义：一是教学的深度、进度要适合学生的知识水平和接受能力；二是教学必须考虑学生的个性特点和个别差异，发挥每个学生的积极性，使他们的才能都得到充分的发展。由于学生的遗传因素、心理素质及环境、教育、实践活动、个性特征等方面的差异，学生不可能处于同一层次，像我校学生更是如此。"分层教学法"强调个性差异，坚持从个体实际出发，正是因材施教原则的体现。

3. "分层教学法"符合循序渐进的原则

循序渐进的原则要求教学按学科的逻辑系统和学生认识发展的顺序进行。学生升入初一时成绩的差距，意味着学生的认识思维能力、知识水平均处于不同层次。如果从班级的平均水平出发，后进生不会因知识间的断层和学习能力弱而无法完成学习任务，会渐渐丧失学习信心，最终放弃学习。"分层教学法"强调以学生原有知识为起点，逐步提高，体现了循序渐进的原则。

二、实施"分层教学法"的步骤

1. 学生分层。根据学生知识基础、学习能力，以班级为单位，将学生分成不同层次，随着学生情况的变化适时调整。通常情况下以 6 至 8 个为一个小组，按"组间同质，组内异质"的原则把偌大的一班变成若干个小班进行教学。每个小组按 AA、BB、CC 组合，这样能有效起到兵教兵、兵练兵、兵强兵的作用。

2. 教学目标分层。不同层次的学生学习目标不同，对学习较好的学生，设置高层次的目标，让他们觉得有东西要学；对学习较差的学生，提出一些基础性问题，让他们经过思考就能得出正确答案。让不同层次的学生跳起来都能摘到桃子。这样各类学生都有强烈的求知欲，极大地调动了学生的学习热情。

3. 课堂提问分层。不同难度的问题请不同层次的学生回答，让大家都有机会品尝到成功的愉悦。科任老师要研究学生，对每一个学生的学习品质能了如指掌，在课堂上做到有的放矢。

4. 作业分层。针对不同层次的学生，布置不同的作业，确保后进生消化得了，优秀生吃饱吃好。作业设计以梯度方式呈现，实现学生梯级提升。

5. 课外辅导分层。课外辅导时，同一班级同一层次的学生集中在一起，固定由一位老师辅导、答疑，帮助、督促该层次同学掌握必须掌握的知识和技能。

三、实施"分层教学法"的注意点

1. 分层操作要慎重。科学分层前要通过开家长会等途径做好宣传发动工作，辅导学生填写志愿，经统一测试再结合教师推荐，在公开、公平、公正的前提下进行，尽量减少磨合的压力。

2. 各层学生要动态调整。分层后要视实际情况，在一个周期后给予流动。引入竞争机制，发挥激励作用。避免长时间给学生贴标签。

3. 思想工作要细致入微。学生分层后：C层学生易产生自卑感；B层学生易得过且过；A层学生易产生骄傲情绪。各层学生间的关系也易产生裂痕。教师要善于做有心人，调整好各层学生的心态，协调好他们之间的关系，为各层学生学习创造一个和谐的氛围。

"分层教学法"在我校已生根发芽，并显示出良好的效果。这一课题的实施，锻炼了教师的教研能力，培养了教师团结协作的精神，提高了学生的学业水平。经过师生的共同努力，我校学生厌学辍学的少了，好学勤学的多了；沉默寡言的少了，阳光展示的多了；单打独干的少了，合作探究的多了。"分层教学法"功在课堂，利在孩子一生！